中华复兴之光
悠久文明历史

治国治吏长策

牛 月 主编

汕頭大學出版社

图书在版编目（CIP）数据

治国治吏长策 / 牛月主编. -- 汕头 : 汕头大学出版社，2016.1（2023.8重印）

（悠久文明历史）

ISBN 978-7-5658-2317-6

Ⅰ. ①治… Ⅱ. ①牛… Ⅲ. ①官制－政治制度史－中国－古代 Ⅳ. ①D691.42

中国版本图书馆CIP数据核字(2016)第015251号

治国治吏长策　　ZHIGUO ZHILI CHANGCE

主　　编：牛　月
责任编辑：汪艳蕾
责任技编：黄东生
封面设计：大华文苑
出版发行：汕头大学出版社
　　　　　广东省汕头市大学路243号汕头大学校园内　邮政编码：515063
电　　话：0754-82904613
印　　刷：三河市嵩川印刷有限公司
开　　本：690mm×960mm　1/16
印　　张：8
字　　数：98千字
版　　次：2016年1月第1版
印　　次：2023年8月第4次印刷
定　　价：39.80元
ISBN 978-7-5658-2317-6

前言

党的十八大报告指出："把生态文明建设放在突出地位，融入经济建设、政治建设、文化建设、社会建设各方面和全过程，努力建设美丽中国，实现中华民族永续发展。"

可见，美丽中国，是环境之美、时代之美、生活之美、社会之美、百姓之美的总和。生态文明与美丽中国紧密相连，建设美丽中国，其核心就是要按照生态文明要求，通过生态、经济、政治、文化以及社会建设，实现生态良好、经济繁荣、政治和谐以及人民幸福。

悠久的中华文明历史，从来就蕴含着深刻的发展智慧，其中一个重要特征就是强调人与自然的和谐统一，就是把我们人类看作自然世界的和谐组成部分。在新的时期，我们提出尊重自然、顺应自然、保护自然，这是对中华文明的大力弘扬，我们要用勤劳智慧的双手建设美丽中国，实现我们民族永续发展的中国梦想。

因此，美丽中国不仅表现在江山如此多娇方面，更表现在丰富的大美文化内涵方面。中华大地孕育了中华文化，中华文化是中华大地之魂，二者完美地结合，铸就了真正的美丽中国。中华文化源远流长，滚滚黄河、滔滔长江，是最直接的源头。这两大文化浪涛经过千百年冲刷洗礼和不断交流、融合以及沉淀，最终形成了求同存异、兼收并蓄的最辉煌最灿烂的中华文明。

五千年来，薪火相传，一脉相承，伟大的中华文化是世界上唯一绵延不绝而从没中断的古老文化，并始终充满了生机与活力，其根本的原因在于具有强大的包容性和广博性，并充分展现了顽强的生命力和神奇的文化奇观。中华文化的力量，已经深深熔铸到我们的生命力、创造力和凝聚力中，是我们民族的基因。中华民族的精神，也已深深植根于绵延数千年的优秀文化传统之中，是我们的根和魂。

中国文化博大精深，是中华各族人民五千年来创造、传承下来的物质文明和精神文明的总和，其内容包罗万象，浩若星汉，具有很强文化纵深，蕴含丰富宝藏。传承和弘扬优秀民族文化传统，保护民族文化遗产，建设更加优秀的新的中华文化，这是建设美丽中国的根本。

总之，要建设美丽的中国，实现中华文化伟大复兴，首先要站在传统文化前沿，薪火相传，一脉相承，宏扬和发展五千年来优秀的、光明的、先进的、科学的、文明的和自豪的文化，融合古今中外一切文化精华，构建具有中国特色的现代民族文化，向世界和未来展示中华民族的文化力量、文化价值与文化风采，让美丽中国更加辉煌出彩。

为此，在有关部门和专家指导下，我们收集整理了大量古今资料和最新研究成果，特别编撰了本套大型丛书。主要包括万里锦绣河山、悠久文明历史、独特地域风采、深厚建筑古蕴、名胜古迹奇观、珍贵物宝天华、博大精深汉语、千秋辉煌美术、绝美歌舞戏剧、淳朴民风习俗等，充分显示了美丽中国的中华民族厚重文化底蕴和强大民族凝聚力，具有极强系统性、广博性和规模性。

本套丛书唯美展现，美不胜收，语言通俗，图文并茂，形象直观，古风古雅，具有很强可读性、欣赏性和知识性，能够让广大读者全面感受到美丽中国丰富内涵的方方面面，能够增强民族自尊心和文化自豪感，并能很好继承和弘扬中华文化，创造未来中国特色的先进民族文化，引领中华民族走向伟大复兴，实现建设美丽中国的伟大梦想。

目 录

举贤荐能

科举选拔

德才兼备

量才录用

举贤荐能

春秋战国是我国历史上的上古时期。春秋战国时期是一个由统一而进入分裂的时代，是社会转变的时代，也是经济、文化发展的时代。

春秋战国时期的君主虽然运用礼法、刑德、赏罚和诛杀来控制群臣；群臣虽然在名分上还是按等级划分，还是拥有不同的特权，但他们已经不再是以贵族身份来行使权力，而是以君主臣仆的资格来进行治理。

因此，各个政权对官制进行某些变革，已成为历史的必然。而正是这些变革，使我国的官僚制度从简单走向完善。

春秋时官吏选拔与考核

春秋战国时期，世卿选官制度处在逐步被削弱、被取代的过程。官僚制的兴起使官吏选拔制度发生了很大的变化。这一时期在保留旧的世卿制的同时，出现了许多新的选拔官吏的方法，有荐举、学校培养、游说自荐、招贤、军功、任子、吏胥等不同的选官途径。其中主要的有世官、荐举和学校培养这三种途径。

此外，各诸侯国出于争霸的需要，设立专职考核官员和兼职考核官员，对百官进行考核，重视提高其政治、经济与军事实力，以利于各诸侯国在政治、经济、军事上取得优势。

东周王室政权衰微，导致春秋列国的分裂局面。在诸侯争霸过程中，官员的整体素质是至关重要的，因此各个诸侯国对官员的选拔极为重视。

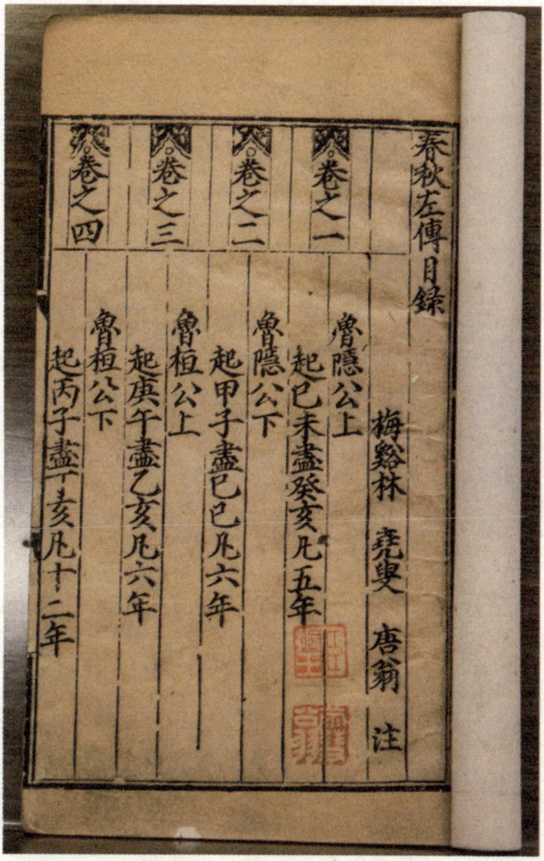
春秋左傳目錄
梅谿林　堯叟　唐翁　注
卷之一　魯隱公上　起己未盡癸亥凡五年
卷之二　魯隱公下　起甲子盡己巳凡六年
卷之三　魯桓公上　起庚午盡乙亥凡六年
卷之四　魯桓公下　起丙子盡丁亥凡十二年

春秋时的职官选拔来源主要是世官、举荐和学校培养这样3种途径。

世官是指一个家族中的人世代当官。春秋时期各国官吏的来源，特别是国家的高级职官，主要来自世官。

像鲁国的“三桓”，郑国的“七穆”，晋国的韩、赵、魏、荀、范、知等卿族，都是世代为官。晋国的赵氏，赵衰跟随晋文公，晋文公出亡。

晋文公即位后赵衰先为大夫，晋文公让他为下军将，他推让给别人。后为新上军将，升为中军佐，位列第二。其子赵盾为卿，赵盾子赵朔为下军佐，也是卿。

大贵族的族长，都是在国家担任要职，他们死或退休，就由他们的儿子补官。如晋国上卿士会退休后，由其子士燮代替他上朝听命。韩厥告老退休，长子韩无忌因有病，由次子韩起替补其父。可见晋国的卿是世袭的。贵族年轻的子弟接替父亲任官的，当不在少数。世官

的基础是“世族”。有累世的大族，故有累世的官爵。而大族之子为官，官又反过来保护贵族，成为连环套纠结在一起。

举荐是非贵族出身的士人进入仕途的一条道路，所谓“选贤举能”就是这种选官途径。

举荐有两种方式。一是在位的人知某人有才能，直接向国君推荐，国君采纳即被任为要职。

晋国的胥臣出使经过冀时，见到郤缺在田中除草，其妻送饭到田间，夫妻相敬如宾。胥臣回到国都后就对晋文公说：“恭敬，是德行的集中表现。能够恭敬的人一定有德行。有德行的人一定能治理好百姓。请您任用郤缺吧！”

晋文公于是任命郤缺为下军大夫。公元前627年，晋国讨伐狄人，郤缺功大，俘虏了白狄的首领。此时已是晋文公之子晋襄公为晋国君，他提升郤缺为卿。还特别奖赏举荐郤缺的胥臣一个县的土地，并对他说：“推举郤缺，是你的功劳。”

举荐的另一种方式是地方政权向上级推荐所辖区内的贤才。这种方式可以以管仲在齐国推行的“三选”制为代表。

这种“三选”制的程序是：各乡官将本乡好学、有才德和有武功的人，推荐出上报给国家，这是一选，称为乡选；乡选出的人才经过国家的有关部门一段时间的考核试用，将优秀者选出推荐给国君，这是二选；国君亲自对二选出的人才审核、面试，交给一定的事做，合格者由国君任命为上卿的助手，这是三选。

通过“三选”制选出的人才，其出身地位低微，或虽富而无政治地位。这样的人进入政权中，就扩大了统治基础。

管仲在齐国推行的“三选”制，在其他国家也推进开来。

学校培养是国人阶层进入仕途的主要途径。春秋时期的学校有“国学”和“乡学”之分。国学在国都，是国君和贵族子弟所进的学校。乡学是国人子弟所进的学校。

除在学校学习认字以外，还主要学各种礼节和射箭、驾车的技术。学校每年要定期进行射箭比赛，其中优秀者即补为相应的官职。

国学和乡学都是官府办的，称为官学，所谓“学在官府”，春秋以前所有的学校都是官学。

私学的出现是在春秋晚期。第一个以办私学显名后世的是鲁国孔丘。春秋晚期各国政治动乱不定，官学实际已垮了。而此时期由于社会经济发展，一批新兴的富人出现，且一般人家由于生产力提高，粮食已有余，学习文化知识便提到他们的日程上来。孔丘适应形势的要求，创办了私学。

相传到孔子门下就读的先后有3000人，有“弟子三千，贤人七十”之说。孔子的办学方针很明确，就是做官，即“学而优则仕”。他的一批高才生被称为“孔门十哲”，都到各国做了官。

被选出的官员在职期间政绩如何，是检验选官是否准确的一个标准，也是考量官员能力的主要办法。在官员考核制度上，春秋时期的各诸侯国在争霸的过程中，为了在政治、经济、军事上取得优势，都重视提高其政治、经济与军事实力，重视并加强对职官进行考核，设立了专职考核官员和兼职考核官员，对百官进行考核。

春秋时期，职官考核制度最大的特点是由过去周中央王朝对各诸侯国及其百官进行考核，改为由诸侯国各自对百官进行考核，并设立专职与兼职考核官员。

这一时期，专职与兼职的考核官员已在各诸侯国普遍设置。例如，齐国把担任考核的官员称为“五横”。横是纠察的意思。五横即考察之官。考察范围包括分掌五种行政事务系统的官员，即大行、大司田、大司马、大司理会、大谏。在这五种行政系统内各设五横，即5个监察官员，以监察百官。

担任监察百官职务的人，是有条件的，那就是必须廉正清明。对于精明强干的人，可因材任事；能言者用他做舌辩外交的工作，有智者用他做侦察性的工作，性行廉正者用他做监督人的工作。

春秋时考核职官的方式有四种：复事制、上计制、社会调查和巡访制。其中，复事制是承袭西周时期的诸侯述职制演变而来，巡访制是沿袭了西周天子巡狩之制。

复事制是指臣下向国君汇报治绩与属下考核的情况，有口头汇报与书面汇报两种。

每年正月，国中的乡长和农村中的官员，都要到朝堂“复事”，复事制是国君了解下情、掌握基层官吏任职守职情况以及国中未入仕的贤者与能者的情况的重要途径，也是考核百官的方式之一。

地方长官复事的主要内容是书写材料，是以书面的形式向国君上报职官之中的贤能者，国君再次任用，授予官职。

上计制就是各级地方官吏把自己管辖区域内的人口、户籍、田数、赋税、库藏、车驾、治安，下属职官的表现以及乡中的贤能者的情况，定时汇编成册，上报朝廷审察，作为考核了解下情以及对职官进行考核的计书。君主每年听取汇报，辅相四时检查百官的治绩，百官每月要进行稽考。

上计制的一项主要内容，就是举贤。赵国国君赵襄子的大臣、中牟令任登就是在上计之时，举荐所属中牟境内之士两人，并得以任用为中大夫。

上计制与口头汇报的复事制相互补充，是考核职官的主要方式。

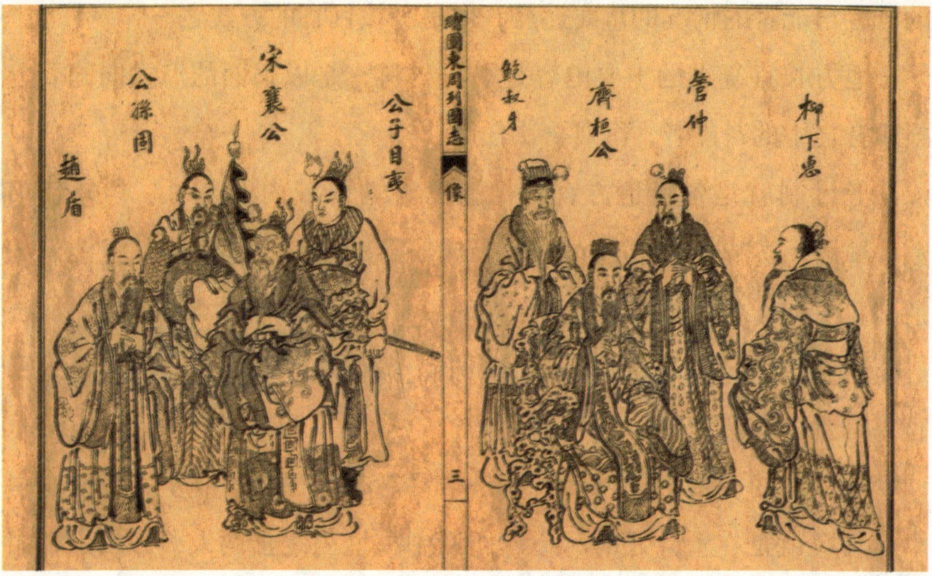

春秋时已在晋国、齐国等国实行上计制，并非到战国之时才开始实行。据《管子·大匡第十八》记载，上计制对职官的考核，按其政绩分为3等。能劝勉国事，有功无过的为上等。治绩属第二位，但是田地不荒、办案严肃的，为中等。劝勉国事，有功也有过，从政，虽有政绩而无能力、田地荒废、办案骄忽，为下等。

这是考核官员每年年终向齐桓公上报职官考评的情况。按照上计制的内容对地方职官进行考核的真实记载。社会调查是当时考核职官的一种重要方式，就是由国君派朝官到社会中了解政治、经济、法律、治安、徭 役、官吏执政等情况。

《管子·问第二十四》详细记载了齐国考核官员时做社会调查的内容：国内建立大功的人们，都是哪些部门的官吏？各州的大夫，都是什么地方的人？现在的官吏，是凭什么条件提拔的？判案行有常法，不能改变，现在却长期积压，为什么？

五官各有度制，官都也经常断事，现在却拖延事情不办，还等待什么？士人有田禄而不服任使的，有多少人？他们厌恶什么工作？士人有田产而不耕作的有多少人，他们从事什么工作？群臣当中有职位却没有田产的，有多少人？收养贱者经商，自身出外，职务由家臣代理的，有多少人？低级官吏之中，没有田禄而白白干事的，多少人？群臣之中，有在官大夫家里兼职的，多少人？外人来游本国，住在官大夫家里的，多少人？调查教导和选拔人才都采用哪些标准？调查各个担任官都职务的，都任职多少年了？

通过上述内容的调查与考核，全面了解社会状况，掌握职官任职情况及存在的问题。这是考核百官的较为有效的形式。调查的对象似为社会各阶层人士。

春秋各国还实行巡访制，由各国国君、卿相亲自下去，或派遣官员下去对百官进行考察，同时了解下情，修改不合时宜的政令。

例如，子产任郑国卿相时，从政勤勉：早晨用以处理政事，白天用以四处巡访，晚上用以修改政令，夜里用以休养身体。经过考察了解，子产对于忠于职守、勤俭从政者，给予奖赏，对于骄纵奢侈的官员，则严惩不贷。

由于子产执政期间，善于

考察、了解下情和各级职官的从政状况，又能及时修订政令，进行改革，经过3年的治理，郑国形成了良好的政治局面。

子产在郑国所取得的突出政绩，与他善于了解、考察下情，随时修订不符合社会实际情况的政令，随时惩处一些不奉职守法的职官有密切的关系。

巡访制的实施，使下情上达、政策的制定与修改有的放矢，各级职官都能奉公守法，有功者给予奖赏，有罪者给予惩处，调动了各级官员的积极性。

巡访制早在西周时已经实行。春秋时期的巡访制继承了西周之制，是对职官进行考察的重要方式。

知识点滴

齐国在对官员的考核过程中，除了设专职考核官员外，还临时委派朝官来考察百官。

齐桓公委派鲍叔考察官吏当中表现好的人，委派晏子考察非官吏和种田者当中表现好的人，委派高子考察工匠和商人当中表现好的人，委派国子管理讼狱，限朋管理东方各国的事务，宾须无管理西方各国的事务，弗郑管理住宅。

这些临时委派的朝官前去考察百官时，要做社会调查，要了解百官在任期间的表现，作为任免职官的参考。

战国时官吏选拔与考核

战国时期，各诸侯国为争霸图强，纷纷打破原来官爵世袭的制度，按照“选贤任能”“论功赏爵”原则来选拔官吏，建立了“军功爵制”和养士制度。军功爵制的出现和确立，在先秦军事史上具有划时代的意义。战国时列国推行的变法运动，有力地打击了旧贵族特权。

战国时期国王为对官吏加以控制，掌握他们的治绩，还普遍建立了考核和监察制度，这就是战国时期的考课制度，以此作为官吏升迁的依据。

战国时期，一种前所未有的政治体制逐渐从旧体制中脱胎而出，这就是区域性的中央集权和君主专制制度。战国七雄先后通过广泛的变法，完成了制度转换，逐渐用郡县制替代了分封制。新的体制需要大量新型官员，为了满足这一需要，战国时期在官吏选拔上广泛推行了“军功爵制”和养士制度。

“军功爵制”是商鞅变法推行的政策措施。这一制度的出现和确立，在先秦军事史上具有划时代的意义。秦是推行军功爵制最彻底的国家，对当时和后世的影响也最大。

秦的军功爵制主要包括两项内容：其一，凡立有军功者，不问出身门第、阶级和阶层，都可以享受爵禄。军功是接受爵禄赏赐的最必要条件。其二，取消宗室贵族所享有的世袭特权，他们不能再像过去那样仅凭血缘关系获得高官厚禄和爵位封邑。

秦国施行的军功爵制，在赏赐爵秩的原则上还有较严格的限制：

一是军功的大小决定着将士尊卑爵秩等级的高低。凡是战士能斩得敌人1首者，就可以获得爵位一级及与之相应的田宅，也可以做官。斩杀的敌人越多，获得的爵位越高。如果能斩敌5人，还可以役使隶臣5家。

二是爵位高者赏赐重，爵位低者赏赐轻，对士兵的奖赏低于军官。依秦制，划分爵位二十级，从一级公士至二十级彻侯。军队在攻城围邑时如能斩杀敌人8000以上，野战时如能斩杀敌人2000以上，就是全功。凡立全功的部队，就对全军进行赏赐，而赏格依五大夫为分界，划分为两类，对五大夫以上的高爵赏赐重，在正常的官爵升迁之外还有“赐邑”“赐税”“税邑”等。而对五大夫以下的低爵，则只赏赐官爵一级，或者最多加赐几千钱、几个奴隶而已，没有“赐邑”等重赏。

三是赏罚并行，立功有赏，无功者罚，赏罚分明。秦国军队以伍为基本战斗单位，据《商君书·境内》篇，一伍之中如有一人战死，其余四人即获罪；如有两三人战死，其他人的罪名更重。将功折罪的唯一方法是杀敌，一人战死，须杀敌一人。两人战死，须杀敌两人。所以秦军战士要想得到“斩一首爵一级”的奖赏，必须是在斩杀敌人的数量中扣除了己方死亡人数后，方能获得。

“军功爵制”是以国家授田及土地私有制为基础的制度，以“爵禄”的形式来酬答服兵役者，因此它不同于旧的份地制。

因此，在战国时期活跃于政治舞台上的著名将、相，大多已不是出身于旧贵族，而是出身于微贱者了。这在客观上，对于旧的“世卿世禄”制度和宗法制的瓦解，也起到了催化剂的作用。

养士制度就是由执政的高级官员豢养一批具有特殊知识或技能的

士人，作为人才储备，为己所用。这在战国时期已经成为在政治上具有重大影响和作用的社会群体，是当时新型职业官员的主要来源。

这一时期以养士著名的四君子是：齐有孟尝君，赵有平原君，楚有春申君，魏有信陵君。此四君子皆明智而忠信，宽厚而爱人，尊贤而重士，因而在各自的国家发挥了重要作用。

秦的相邦吕不韦，门下也有食客数千。李斯初入秦时，就是吕不韦的门客。有的国家，还由政府直接建立机构养士，如齐国的稷下学宫就是一例。

养士制完全打破了血缘宗法关系，战国士人大量为异国效力。但养士制容易形成私人势力集团。因此，这两种制度在进入大一统王朝以后，就不再实施了。

战国时期的考课制度，是官吏升迁的主要依据。政绩考核一般在年终进行。荀子说：“岁终奉其成以效于君，当则可，不当则废”，就是指这种制度。

这时，在行政管理上创立年终考核制度。这种考核制度叫“上计”。按规定，当时中央重要官吏和地方首长，都必须把一年赋税的收入预算数字写在木“券”上，送到国君那里。国君把券剖为两半，由国君执右券，臣下执左券。这样，国君可以操右券来责成臣下。

上计时由国君亲自考核，或由丞相协助考核。如果考核成绩不佳，便可当场收玺免官。高级官吏对下级官吏的考核，也是采取同样的办法。

齐田婴为相时，请齐王“听计”，齐王因“听计”劳顿，饭也顾不上吃，在臣下汇报时，他竟睡着了。汇报的官吏趁机用刀削去“券”上的数字，使考核无法进行。

考核内容很广泛，包括农地的垦辟、收获量、仓中粮食的数字、手工业制品的优劣、牲畜的繁殖数、肥瘦情况，户口数以及治安等，无不在考核之列。

商鞅说：境内仓库之数，壮男壮女之数，老弱之数，官、士之数，游士之数，工商业者之数，马、牛、饲料、禾杆之数。这“十三数”就是考核的内容。

考核成绩优者奖励升迁，劣者受罚或收玺免官。以秦律为例：

《秦律杂抄》中有关漆园、采铁的考核规定，漆园若考核成绩为“殿”即下等，罚主管的官吏一副甲，令、丞及佐各一盾。若三年评比皆都是下等，罚主管的官吏甲两副，并撤职永不叙用，令、丞各一副甲。

秦律《厩苑律》规定，使用耕牛的，牛被使用坏了，腰围每减瘦一寸要鞭笞主使人10下。一年4次评比对耕牛的饲养，成绩好的主管官吏及饲养的人都受奖，成绩低劣的以及有关的人都要受罚。这种评比奖惩制度也推广到各个乡、里。对官有的牛更是注意保护。

秦国每年都对官管的官牛举行一次考核。10头以上的一年死三分之一，不满10头的一年间死去3头以上，主管人、饲养人甚至令、丞都受罚。各县由内史考核，各都官和领用牛的人由大仓考核。

可见，对官吏的考核，在秦国的执行是较为严格的，这也是秦国逐渐强大，终于灭掉六国的重要原因之一。

知识点滴

公元前259年，秦军与赵军在长平对阵，最初赵王派廉颇率兵攻打秦军，秦军几次打败赵军，赵军坚守营垒不出战。秦军屡次挑战。廉颇置之不理。

赵王听信秦军间谍散布的谣言“秦军最怕赵括来做将军”，赵王因此就以赵括为将军，取代了廉颇。结果大败。

据说当初赵括的母亲知其不能胜任，怕战败受连累，当即向赵王声明同赵括脱离关系。

赵王不听廉颇的劝阻，执意以赵括代替廉颇，犯了临阵换将，选官不当的大忌，致使赵国从此衰落。

科举选拔

秦汉至隋唐是我国历史上的中古时期。秦统一中国后，为了加强中央集权，在中央建立三公九卿体制，在地方实行郡县制，建立了一套严密的中央和地方行政组织。

在其后的1000余年里，各朝代设官分职，经过逐步完善，到隋唐时形成三省六部制，并相应制定了官吏选拔和奖惩等制度。

经过中古时期对封建官僚机构的建设，逐步形成了从中央到地方的完整的官吏体系，加强了中央的统治力量，提高了政府的行政效率，充分发挥了国家机构的效能。

秦代三公九卿制与郡县制

秦代的中央官制是三公九卿制，地方官制是郡县制。秦灭六国完成统一后，秦始皇建立起了我国历史上第一个专制主义中央集权的封建国家，并建立了以皇帝为首的高度集中的政治体制。

秦朝中央官制的最大特征是皇权的至高无上。秦代官制与之前的秦国制度有所不同，为后世历朝所沿袭，其监察制度与九卿制度甚至延续到我国最后一个朝代清代，一直深深影响着我国的历史，奠定了我国基本的政治体制。

秦王政称始皇帝后，建立了由丞相、御史大夫、太尉，以及由奉常、郎中令、卫尉、太仆、廷尉、典客、宗正、治粟内史、少府这“九卿”等组成的中央政府，辅佐皇帝管理全国军政事务。秦代中央官制的最大特征是皇权的至高无上。

丞相是最高的行政官，上承皇帝诏命，下统百官，总揽政务。秦国丞相的设置始于公元前328年，是年设左、右丞相，公元前275年，改相邦。秦王政未亲政时，以吕不韦为相邦，并置丞相昌平君，其间或左右二相并置、或设独相、或称相邦。

秦始皇统一全国后，以李斯为左丞相，冯去疾任右丞相。秦二世诛李斯、冯去疾，以赵高为中丞相。

秦创置御史大夫，掌监察百官，为副丞相。与战国时列国普遍设置的负责记录与档案管理的御史不同，秦国的御史专掌纠察百官，是中国古代专门监察官制度的发端。

御史大夫属官有两丞，一为御史丞，为大夫之副；一为御史中丞。其中御史中丞因为统领侍御史和诸郡监御史，可以命令御史按章纠弹百官，权力尤重。

九卿仰丞相政令，分掌国事。九卿之属有负责皇室事务的如奉常，有负责国家政务的如廷尉。

奉常掌宗庙祭祀礼仪，银印青绶、秩中二千石，九卿皆同。奉常的属官有负责宫廷音乐的太乐；负责太庙祭祀事务的太祝；负责皇帝饮食以及祭祀用食物供奉的太宰；负责管理巫医的太医；负责观察天时星象、兼皇家史官的太史；负责应皇帝诏命进行卜筮的太卜。

郎中令掌殿中议论、宾赞、受奏事、宫廷宿卫之事。郎中令的属官有负责议论的大夫，负责宾客迎送、接受群臣奏事的谒者，供奉宫廷、等待受职的诸郎，以及期门、羽林等禁卫军。

郎为待选之官，有评议国事的议郎，有陪侍皇帝车驾的中郎、侍郎等，无定员，除授常达千人之多。秩石制规定，议郎、中郎秩比六百石，侍郎秩比四百石，郎中秩比三百石。

中郎分统于五官中郎将、左中郎将、右中郎将，郎中分统于车郎中将、户郎中将、骑郎中将。郎一般取自公卿等官僚子弟，一方面作为皇帝的扈从，一方面学习政务，是秦汉之际出仕的重要途径。

卫尉掌皇宫诸门屯兵。属官是一名巴士司马令，凡吏民上书、四方贡献、朝廷征召等，按法律要使用公家的车马，巴士司马令即掌其事；属官二卫士令，统领诸宫门卫兵。

太仆本是周朝官职，秦代沿置，掌皇家车马。赵高出任郎中

令之前任此职。

廷尉是最高司法官。属官有廷尉丞。廷尉署有狱，称廷尉狱，大臣有罪则下廷尉狱。

典客掌诸侯与少数民族部族首领朝觐事务、接待诸郡县上计吏。属官有行人，备临时差遣远方。

宗正又称宗令，掌皇族亲属及登记宗室谱牒。皇族宗室有罪，则绝其属籍。属官有宗正丞。

治粟内史掌诸谷物、金玉之贮，相当于国库司库。属官有太仓令、太仓丞，掌国库中粮食的贮存；有平准令、平准丞，掌京师及诸郡物价。

少府掌山海地泽收入和皇室手工业制造，为皇帝的私府。少府的属官很多，比如有掌皇帝服饰织造与保管的御府令和御府丞，有掌皇帝各种礼服所需的尚冠令和尚冠丞，有掌皇帝与后宫医药的太医令和

太医丞等。其中有些属官对后世各个朝代的政治发展有深远影响，其余诸“尚”后来转为女官。

秦代还设有中尉、将作少府、主爵中尉、中常侍等，各司其职。

中尉掌京师治安、兼管消防，是京城的卫戍长官。中尉署有丞、左右中侯、千牛等官佐。属官有武库令、武库丞，掌军器制造、贮存；有静室令，皇帝出巡时负责担任清道夫。

将作少府掌皇宫等公共建筑事务，本署有两丞，左右中侯。属官有石室令、东园主章令、主章长、左校令、右校令、前校令、后校令、中校令。石室掌建筑石料、东园主章令掌木匠、主章长掌伐大木、五校掌营建。五校所属多为刑徒。

主爵中尉掌诸侯以下诸爵的封赠及宾客祭祀飨食等事务。中常侍侍从皇帝左右，备皇帝顾问，可以经常出入皇宫禁地，汉朝为宦官职务。

秦代的皇后诸卿有：将行掌皇后礼仪；皇后卫尉掌皇后卫队；皇后少府掌皇后私人事务；皇后少仆掌皇后车马。

秦代的武将官制包括太尉、护军都尉和将军。

太尉为最高武职，统领诸军，负责各级军官的任免与考核。秦代的太尉职务与汉朝的太尉相当，但不列于三公，地位较低，与卿相类似。护军都尉执掌军政，统领诸将。属官有中护军，领军史，掌禁军，参与武将的选补事务，遇将军率军出征时，则驻该军监督军政。

将军包括前将军、后将军、左将军、右将军，位上卿，率军镇守边郡。另置上将军、将军，为临时职务，有大征伐时选武将出任，军还即撤任。

秦代的地方官制普遍施行郡县制度。公元前221年，秦始皇正式划分天下为36郡，后来陆续增设至40余郡。咸阳是国都所在地，不设郡守而由朝廷直辖，其长官为内史，位同九卿，得参与朝政。

内史属官有都水长、都水丞掌水利，铁官长、铁官丞掌冶金、制造农器，廪牺令、廪牺丞掌粮食仓库和牧养祭祀用牲畜。

郡作为一级行政地方，军民兼治。郡设郡守、监御史、郡尉3个互不隶属的主要官员。此外还有郡的次官郡丞。

郡守是郡的长官，边地多为武将，内地多以郎官出任，银印青绶、秩二千石。秦代的郡守权力非常大，除了由朝廷直接任免的县令

县长、负责监察郡治的监御史、负责统领驻军与管理治安的郡尉三者外，郡的其他官员均由郡守自行任免。

监御史隶属御史中丞，负责监察郡守与其他官员。

郡尉掌郡驻军，主管治安、侦缉盗贼，银印青绶、秩比二千石。郡尉直辖于朝廷，与郡守相抗礼。郡尉属官有丞，内地诸郡设丞一人、大郡则设两人。边塞诸郡则每百里置都尉一人，都尉辖士史、尉史各二，掌边塞卫戍；关隘之处置关都尉，均隶属本郡郡尉。

郡丞辅佐郡守综理郡政，铜印黑绶、秩六百石。郡守缺位或不能理事时，郡丞代行郡守职务。属官有卒史、主簿、牧师令等。边塞诸郡另置长史，管理兵马军政，与郡丞同秩。

县为秦代最低一级行政地方，秦代的正式官职也仅仅设在县一级。县令与县长都是县的最高行政长官。秦代按县的人口多寡，万人以上的县置县令、以下的县置县长。

县令铜印黑绶、秩千石至六百石，县长铜印黄绶、秩六百石至五百石。县令与县长属下官职包括县丞、县尉、功曹、令史、狱掾、文无害、厩驺、仓吏、治狱吏。

县丞为县的次官，职比郡丞，铜印黄绶、秩四百石；县尉掌治安、捕盗之事，职比郡丞、唯不掌兵，秩同县丞；功曹，掌县吏的考绩等第升降；令史管理文书档案；狱掾是县狱的典狱长；文无害也就是公平吏，掌巡查监狱，复查案卷，以防止冤狱；厩驺掌一县车马之政；仓吏是县库的长官；治狱吏是县狱的狱卒。

县以下置乡，乡以下置亭，亭以下置里。这些都是以宗族为核心的人民自治组织。职官包括三老、有秩和啬夫、游徼、亭长。

三老由一乡德高望重者充任，掌教化，有所谓孝悌仁义之家可以申报郡县予以表彰，并可以推荐优良子弟出任郡县吏。人口达5000人的乡，由郡指派一人为有秩；不足5000人的乡，由县指派一人为啬夫。两者职责相同，都是调解邻里纠纷、帮助政府收取赋税、安排徭役。

游徼为徭役的一种，掌巡察地方、缉捕盗贼。亭长也是徭役的一种，汉高祖在秦代曾任此职。掌同啬夫。亭长之属为亭父、求盗两卒，前者负责本亭保洁、后者负责追逐盗贼。汉高祖刘邦曾任泗水亭亭长。

秦代上述这些官制，有一部分在战国时期就已形成。但是，秦统一六国后，由于权力的高度集中，中央与地方间的关系，政务与事务间的关系，君主与臣下间的关系等，都不可避免地有所更张，形成了一套严密的新制度。

秦代官职从中央到地方，有明确分工，既相互配合，又彼此牵制，充分体现出“家天下”的特点。中央集权制度有利于巩固国家统一，封建君主制度在我国延续了2000多年。

知识点滴

亭是秦汉时代政府的基层组织之一。泗水亭在沛县的东部，地处县城东郊的要道。

刘邦生在泗水亭附近，他当上泗水亭长后，知道自己地位低微，难以大有作为，便广交当地权贵和江湖豪杰，蓄势待发。秦末农民战争爆发后，刘邦知道时机已到，毅然决定率众响应，在芒砀山斩蛇起义。

公元前 202年，刘邦登上了汉王朝开国皇帝的宝座，史称汉高祖。一个小小的泗水亭，竟成为刘邦帝王事业的起点，而泗水亭也因此名扬千古。

两汉对三公九卿制的完善

汉朝是继秦朝以后历史上一个大一统的朝代，分为西汉和东汉两个时期，后世史学家也称两汉。

两汉时期，封建地主阶级为了加强中央集权和君主专制的统治，在职官制度上确立了中央的三公九卿制和继续实行地方的郡县体制。

三公九卿制在秦朝只是初具架构，这一制度到汉代时得到进一步的调整和完善。

西汉对秦代三公九卿制进行了调整和完善。西汉中央政府最高行政权力由三公——丞相、太尉、御史大夫3人分掌，其下分设九卿、列卿等。

丞相又称相国。是全部外朝官的首长。凡国事，均先上丞相府，由丞相于府中召集六百石以上的官员会议，议定之后再以丞相的名义上奏皇帝裁可；凡大的人事变动、政策调整，也都是由丞相主持廷议，然后领衔上奏；皇帝的诏命，都必须下达给丞相，由丞相负责实施。

汉武帝曾经任命御史大夫公孙弘为丞相，因其无爵，封为平津侯。从此之后，凡平民拜相者必封侯。丞相也对百官有选举、任官、黜陟、刑赏的权力。

丞相的办事机关称丞相府，属官有长史、司直、掾、属等。长史为相府诸吏之长，职无不揽。丞相有事，则召长史付诸施行；司直掌佐丞相举不法，职在监察官吏，位在司隶校尉上；丞相府所设诸曹的长吏，统称丞相掾，有300多人。丞相府所设诸曹的长吏，位次掾，统称丞相署。

太尉作为最高武职，除了评定全国武官的功绩高下、以为升降的依据外，就是作为皇帝的最高军事顾问。汉朝军队由各将军、校尉统领，太尉不能直接指挥军队。例如周勃平定诸吕之乱时，身为太尉，却不能进入上将军吕产所指挥的北军，只得诈称帝命方进入北军营地并取得指挥权。

太尉属吏有长史、司直、功曹、议曹史、门下史、主簿等。太尉本身固有的属吏只有长史，其他属吏只有大司马领尚书事、开府置官属后才有。

御史大夫作为副丞相、最高监察官的同时，也有评定天下刑狱的责任，所以也是最高法官。天下郡国上呈的会计账目，也由御史大夫复核。

汉代的九卿，包括太常、光禄勋、卫尉、太仆、廷尉、大鸿胪、宗正、大司农、少府。

太常也叫奉常，掌宗庙礼仪；光禄勋也叫郎中令，掌宫殿掖门户；卫尉掌宫门卫屯兵；太仆在王莽时改为太御，掌乘舆并主马政；廷尉掌刑辟，是审判全国疑难案件的最高机构，除个别特难案件上报皇帝裁决外，有终审裁判权；大鸿胪，原名典客，掌诸王列侯与内附部族之封拜、朝聘、宴飨、郊迎之礼仪与接待地方诸郡上计诸吏；宗正掌序录王国适庶等次，及诸宗室亲属远近，郡国岁因计上宗室名籍；大司农掌劝课农

桑；少府负责皇帝衣食起居，医药供奉，园林游兴，器物制作等。

汉朝十二卿，除前面所说的九卿之外，又列卿执金吾、将作大匠和水衡都尉。

执金吾掌京师门内屯兵，为京师巡逻以备盗贼，皇帝出巡则为前导；将作大匠主治宫室、宗庙、陵园、土木等事；水衡都尉掌上林苑。

西汉内朝官自大将军以下，至于侍中，常侍，散骑常侍、黄门侍郎以及光禄勋，谓之宿卫。宿卫近在皇帝身边，颇受皇帝信任。

侍中是皇帝近臣，掌管皇帝的车、轿、衣服、器物等；左右曹实际就是分科办事的尚书；诸吏则是受特别委任有权监察、纠举不法的官员；散骑常侍的职务是骑马跟随乘舆车后，尽侍事之职；给事中出入禁中和顾问应对，位次常侍；黄门侍郎又称黄门郎，是皇帝近侍之臣，传达诏令；光禄勋掌守卫宫殿门户。此外，内朝官中的宫官，包括太子属官、宫中女官和宦官、太监等。

西汉承秦制，也实行郡县官制。西汉郡属吏均由本郡人士出任，品行高卓者可以被太守推荐出任廷臣。郡一级设太守、都尉、监御史三官，各领郡内政务、军务、监察之事。

太守权力非常大，所属县令的任免均由其荐议，郡府各属吏均由太守自己从本郡人中任免，掌握虎符，竹使符，以此节制本郡驻军。太守属吏有别驾、主簿功曹、议曹、右曹掾史、都吏、给事太守府等。

都尉与太守分治军民，位次太守，开府置吏如太守府，属官有掾、卒史、属、书佐、功曹等。除郡都尉之外，西汉还在诸关隘设关都尉，在屯田区设农都尉，在殖民地区设属国都尉。另有执行特别职务的没有辖区的都尉，如宜禾都尉、护漕都尉等。

西汉的刺史负责巡行诸郡，纠察不法。刺史虽然品级较低，却可以纠劾比自身品级较高的官员。汉朝规定，刺史只能纠察秩比六百石以上的官员，不允许刺史问难下级官吏。

刺史所纠察的范围，也只能以六条诏书为限。如果刺史纠劾超出诏书范围，不但不能纠劾成功，自己还要以越职的罪名被罢免。

县是郡之下的最低一级行政地方。汉平帝时，全国共设置县、国、邑、道1500多个。国为王侯封地，王国同郡、侯国同县；邑是皇太后、皇后、公主封地；道是设置于巴郡、蜀郡等少数民族聚居地的县级地方政权。

万户以上的县，设县令。不满万户的县，设县长。县令、县长并为县的

长官。县置丞一人，主管文书、档案、仓库、监狱等。

大县置县尉两人，小县置一人，主管地方治安、缉捕盗贼。县丞与县尉是县的长吏，由朝廷任免。县的其余佐吏的设置多与秦的县制相同。

汉朝分封制与郡县制并行，称郡国制。汉初，有燕、赵、楚、九江等7个异姓王国。王国所辖诸郡太守的任免权力收归朝廷。

西汉的爵禄制度沿秦制，设爵以赏功。禄，既指官员的等级，也是官员官俸的数额。

汉朝建立之后，沿用秦20等爵。西汉凡国有喜庆、大捷等，都可以赐百姓爵。一般皇帝即位均颁诏赐民爵一级。西汉一朝共计赐爵20次。

获得爵位的人，高等级爵可以获得封邑，免除部分或全部赋税徭役、减刑、优先担任官职等。但是由于人民多买爵位以逃避赋税徭役，所以朝廷往往以各种理由征发有爵位的人并加以其他负担以代替赋税徭役，民爵因此不再为人所重。这也是后世不再设置民爵的原因。

西汉朝秩禄可分为四大等级：比二千石以上；比六百石以上；比二百石以上；比二百石以下。三公万石不在秩级之内。

官员的品秩虽然以石数为差，不过不全给以粮食，而是钱、谷分给。西汉时期，一般年景一斗米约十数钱，按此折算，三公月俸约70万钱，县令月俸7.2万钱至14万钱不等。可知西汉的官俸十分丰厚。

西汉选拔官员也很严格。汉文帝时就已经有从社会基层选用贤良和孝廉的做法，指令中央官吏和地方官吏从下级属吏、民间地主和部分自耕农人中选拔从政人员。名臣晁错就是以“贤良文学”之选，又经帝王亲自策试，得以升迁为中大夫的。

不过，当时既没有规定选举的确定期限，也没有规定各地方选举的人数。也就是说，这种选举形式还没有成为完备的制度。

汉武帝在即位的第一年，就诏令中央和地方的主要行政长官“举贤良方正直言极谏之士”。6年之后，又下诏策试“贤良”。也就是在这一年，明确规定了郡国必须选举的人数。这就是察举制。

察举的科目，是由少至多不断增加的；增加科目尤以特科为多，是根据对专门人才的需要而设立。这些科目，划一由皇帝确定。

按举期分类，察举科目可分为常科与特科两大类。岁科有孝廉、茂才即秀才、察廉即廉吏、光禄四行；特科又分为常见特科和一般特科。

在上述科目中，以岁科为先，其中又以“孝廉”一科为最重要。特科中则以“贤良方正”为最重要。

如按四科标准分类，以“德”为主的有孝廉、孝廉方正、至孝、敦厚等科；以“文法”为主的有明法科；以“才能”为主的有尤异、治剧、勇猛知兵法、明阴阳灾异、有道等科。但所有的科目，都以“德行”为先，在学问上则以“儒学”为主。

正是在汉武帝时代，察举制得以基本成为正统的政制。这一历史事实，标志着选官制度重要的进步，意义十分深远。

东汉建立后，其官制基本上沿袭了西汉官制的制度，官名也没有多少改变。与西汉比较，东汉体制的最大特点就是：大大加强皇帝权力，不设丞相，削弱三公的权力；刺史成为一级地方长官，废除地方军队；强化内朝权力，外戚、宦官掌握大权，这一官制对后来的三国官制也有较大的影响。

东汉的中央政府组成沿用西汉官制，以三公领九卿为基本架构，但是实际政治权力已经完全转移到尚书台。

东汉以太尉、司徒、司空为三公，位次上公。三公师长百僚，名义上为最高官职，事实上并无实际权力。与西汉以太师、太傅、太保为上公不同，东汉唯以太傅为上公，无太师、太保官。

汉献帝时，董卓迁都长安，自任太师，位在太傅上。这是权臣擅权所为。

东汉沿西汉制度，以太常、光禄勋、卫尉、太仆、廷尉、大鸿胪、宗正、大司农、少府为九卿。与西汉不同的是，东汉九卿分隶属三公。太常、光禄勋、卫尉三卿属太尉；太仆、廷尉、大鸿胪三卿属司徒；宗正、大司农、少府三卿属司空。

东汉九卿均于官称上加“卿”字，如太常卿等，秩中二千石。

除此之外，东汉九卿与西汉不同者还有，光禄勋除西汉的五官中郎将、左中郎将、右中郎将、虎贲中郎将、羽林中郎将之外，增置东中郎将、北中郎将、西中郎将、南中郎将。

再就是少府尚书改称尚书台，由西汉的常侍曹、二千石曹、民

曹、主客曹改为六曹：改常侍曹为吏曹，增三公曹，将主客曹分为南主客曹与北主客曹。

尚书台增设左右丞两人，诸曹侍郎各6人，令史诸曹各3人，事务繁剧的曹增令史各3人。尚书台组织较西汉尚书要重要和庞大。

东汉的将军是中央政府的重要组成部分，有大将军、骠骑将军、车骑将军、卫将军、前将军、后将军、左将军、右将军。

大将军位在三公上。骠骑将军、车骑将军、卫将军位次列于九卿，位在三公下。前、后、左、右将军，位次列于九卿，不常置。

东汉中期以后，太后临朝称制，外戚以大将军执政，与太傅、三公合称为五府。

以上将军均开府，府属有长史、司马各一人，从事中郎两人，掾属29人，令史御属31人。将军以本号领军的，各有部曲、校尉。

东汉的地方官制与西汉相比较，在郡、县两级是基本相同的，不过郡的重要性和权力较西汉下降很多。在州一级，则有根本性的差异，东汉的州已经演变成为一级地方，凌驾于郡之上。至此，我国古代的地方行政区划由郡县制转变为州、郡、县3级制，一直延续到隋代“废郡”为止。

东汉将洛阳之外的地区划分为12个州，各遣刺史一人为长官。另以京兆、左冯翊、右扶风、河东、河南、河内、弘农七郡为司隶校尉辖区，称司隶部。东汉代州也称部。

东汉共设105个郡国，除司隶部所辖7郡外，王国与列郡均分隶诸州。东汉的县级地方建制也与西汉相同。

知识点滴

萧何是西汉丞相、政治家，曾辅佐刘邦建立西汉王朝。萧何病危之际，向汉惠帝举荐曹参为相。萧何死后，曹参继任丞相，一切公务悉照旧章，一些朝臣便在惠帝面前参奏他因循苟且，汉惠帝便召见曹参问其缘故。

曹参说："陛下用臣为相，只要能够奉公守法，遵照旧章，能继旧业，已属幸事。若自作聪明；推翻成法，必致上下紊乱，恐欲再求今日之太平，已无可得矣！"

惠帝恍然大悟。这就是成语"萧规曹随"的来历。

三国职官设置及其官吏选拔

三国是继东汉而出现的时代称号，因魏、蜀、吴3个国家鼎立而得名。史家往往以190年董卓挟汉献帝离开洛阳为三国上限，以280年晋灭吴为三国下限。三国时期职官制度，有的国家沿用汉制，有的国家不用汉制用古制，甚至有些官职是自创的，如蜀国的军师中郎将、吴国的上大将军等。

三国官制包括曹魏官制、蜀汉官制和东吴官制。三国官制和汉朝官制基本相同，沿袭了东汉官制的内容。

三国时期的官吏选拔及人才测评，也具有鲜明的时代特色。

曹魏的国家体制脱胎于曹操所建魏国体制，其特点是将曹操秉政时期的“外重内轻”结构改变为“外轻内重”结构。

曹魏中央官制没有简单地恢复西汉时期的丞相制度，而是直接将原属少府辖下的尚书台划转到丞相府官属序列。由于东汉制度里，尚书令是实际的政治权力中心，尚书台官员由原来的内朝官转为了外朝官。

这样的措施保证了曹操对朝政的控制，同时也无须对既有制度做很大的修订。尚书省的正式建立，是我国古代中央官制的一次重要的变化。

曹魏中央官制中的尚书不再是丞相属官，而成为独立的政务机关。尚书省设尚书令一人，第三品，尚书左、右仆射各一人，第三品。由于中书省的设立，尚书省不再决定政策，改为负责具体国务的处置。

中书省掌机密与草拟诏令，遇有机密事宜或紧急事务，中书省直接发出诏令交有关官员执行，权力日渐加重。中书省中的中书监、中书令，俱为第三品，但是中书监地位较中书令为高。

侍中寺以侍中与给事黄门侍郎为长官，掌门下诸大夫、郎。曹魏以侍中为主官，第三品，置4人，以其中资历深的一人为祭酒。

侍中的主要职务就是陪侍皇帝左右，随时规谏得失，同时作为门

下主官节制其他各类皇帝侍从。

曹魏门下诸官有：散骑常侍，第三品；给事中，第五品；奉车都尉，掌乘舆车驾，包括驸马都尉，掌副马。骑都尉，掌羽林从骑，皆第六品。

这三都尉在汉时均属光禄勋，曹魏却是加官。太中大夫、中散大夫、谏议大夫、议郎皆第七品。曹魏时均脱离光禄勋，改隶侍中，掌顾问应对。

曹魏九卿与汉朝相比，除了职权大大缩小之外，最主要的变化是将光禄勋所属的文职侍从官全部改隶侍中，光禄勋仅仅管理武职侍从官。

此外，曹魏非常重视屯田，在光禄勋诸中郎将之外特设屯田中郎将，下隶典农校尉、典农都尉分驻各地负责屯田事务。

曹魏的地方官制实行州、郡、县三级制。曹操以司隶校尉所辖地区置司州，这是13州中最后正式命名的州。司州辖三辅、三河，以及弘农等7郡。

司州的设置在曹丕称帝之后延续了下来。司州之外，沿汉制将所控制的幽、凉、兖、冀并徐、青、豫、雍9州，再加上只占据部分郡县的荆、扬两州，合司州为12州。

内地诸州刺史不加将军号、无节，第三品，俗称单车刺史。边地诸州刺史根据本地区军事重要性和刺史本人的身份，分别授予假节、持节、使持节、督某州诸军事、都督某州诸军事的头衔，节与督、都督可以分别组合。

曹魏的郡以下为县。县按所辖人口多寡分3等。高者置县令一人，第六品，丞一人，第八品，尉两人，第九品；次者置县令一人，第七品，丞、尉各一人，第九品，低者置县长一人，第八品，丞、尉各一人，第九品。县的属吏有各类掾史祭酒。

县之下置乡，乡置有秩、三老各一人，第八品。较小的乡置啬夫一人，第九品。

曹魏制定爵位等次，分王、公、侯、伯、子、男、县侯、乡侯与都乡侯、亭侯与都亭侯、关内侯共10等爵。除了宗室封爵外，其余诸爵均无封地，也没有租税收入，史称虚封。

虚封制度彻底结束了从周朝延续下来的分封制，除了西晋一度反其道行之外，此后历代均实行了虚封制度。

在官制上三国时期的真正创新，大多出于曹魏，比如上面涉及的“九品中正制”的内容。这可以说是魏国官制组成上的特殊之处。

蜀汉官制与东汉相仿，形成了以丞相、大司马、大将军等政府首

脑执掌大权的体制。与曹操执汉政不同点在于诸葛亮等蜀汉政府首脑并无意取代君主的地位。另外就是蜀汉皇权受到削弱，权力集中在外朝官丞相、大司马等手中，与曹魏皇权集中、内朝官领政相异。

在蜀汉中央官制中，主要行政权力集中在丞相手中，建国之日起即以诸葛亮任之。丞相可以开府治理事务，丞相府作为全国的行政中枢，负责一切军政事务。府内编制属官有军师祭酒、前军师、后军师、长史、司马、从事中郎、主簿、参军、东曹掾、西曹掾、仓曹掾、令史，记室、门下督等。

蜀汉还置三公，用以位置勋旧大臣，没有实际权力，也不开府。置太常，但博士无专经，可能系蜀汉地僻人稀，缺少足够的经学之士。蜀汉还置卫尉、光禄勋、太仆、大鸿胪、大司农、少府等诸卿，但没有廷尉、宗正。蜀汉诸卿的官称沿用汉制，均不带卿字，与官署名一致。

蜀汉沿置尚书台，置尚书仆射一人，不分左、右，也不分曹属办事，尚书郎唯有吏部、选曹、左选、右选、度支等，较曹魏简略。这与蜀汉军政事务集权于丞相府有关，蜀汉的行政中心是丞相府而不是尚书台，丞相府属官如长史、司马等实际代替了尚书台属官的职务。

蜀汉置中领军、领军、前

领军、行领军；中护军、前护军、后护军、左护军、右护军、护军、行护军；中监军、前监军、右监军、中典军、后典军等军政事务官。自典军为下，其次迁监军、再迁为护军、再迁为领军，其中以中领军为最高职务。

除上述军政事务官外，另置诸号将军负责领军征伐。凡左骠骑将军、右骠骑将军、左车骑将军、右车骑将军、卫将军，抚军将军、镇军大将军、辅国大将军、征南将军、征西将军、征北将军、镇南将军、镇东将军等诸多名号。因与东吴联合抗击曹魏，所以没有征东将军名号。

蜀汉在地方官制中置司隶校尉，但仅为加官虚衔，遥领司州，无具体职责。益州初置牧，管辖益州范围内军民政务以及下属各郡县，由诸葛亮兼任。

诸葛亮死后，废牧置刺史。当时主要的地方官也就是益州刺史，其属官最多，有治中从事、别驾从事、功曹从事、议曹从事、劝学从事、典学从事、部郡从事、督军从事，前、后、左、右部司马，主簿、书佐等。

州以下置郡、郡置太守、都尉。犍为郡置属国都尉，牂牁郡置五部都尉，阴平郡有关都尉，巴东郡置江关都尉。郡吏可考者有功曹掾、史、五官掾、师友祭酒、督军从事、门下书佐、主簿等。县乡建制等与东汉无异。

总体上来看，蜀汉以汉朝正统自居，所以在官制上反映汉朝官制的遗风比较浓重。

东吴的中央官制与曹魏、蜀汉相仿。东吴置丞相，名义上也是百官之长，但实际效能是仅仅管理例行政务，往往不参与重大政务的决策。丞相属官有军师、长史、掾等。

东吴的三公废置不常，除授因人而异。东吴三公的特点是太尉不领军、司徒与丞相并置而不治民、司空不视土木事。这个特点可以说是后世以三公为虚衔的开端。

东吴政治中起到重要作用的是大司马、上大将军、大将军等内朝将军，这些将军外则领军，内则领政，是事实上的宰相。

东吴初置郎中令，后改光禄勋，有三署中郎将、领三署郎，还有羽林督，绕帐督、帐下右部督，皆领卫兵。卫尉、太仆、廷尉、大鸿胪、宗正、少府诸卿建置均与曹魏、蜀汉同。

东吴宫官有大长秋，设置略如曹魏制。又有太子、太傅、少傅，以及太子宾客和率更令、中庶子、庶子、辅义都尉、右部督等。

东吴的门下官设置略与曹魏同，但地位不甚重要。尚书分选曹、户曹、左曹、贼曹等四曹，可见东吴尚

书职任较曹魏为轻。中书监设中书令、仆射、丞、郎、令史等。

御史台设御史中丞，督军粮御史及监农御史，又置中执法，左右执法各一人。在殿中察举违法行为，也称侍御史。

东吴武职官有领军将军：左领军、右领军；中护军、左护军、右护军；中典军、左典军、右典军。有抚军将军、征南将军、征西将军、征北将军，无征东将军；有平南将军、平西将军、平北将军，无平东将军。东吴地方官制有扬、荆、交、广四州。州属官见于文献记载的，仅有部郡从事、师友从事、大中正。

郡设太守、都尉，所属有功曹掾、门下书佐、门下循行等。县以下制度略如东汉。东吴爵禄制度也不发达，唯置王、侯二等爵，无禄。吴国官制的明显特点是虽无创造，但和魏、蜀均有诸多不同。反映出吴国统治者坚持从本国实际情况出发，并不步别人之后尘。

三国时期，是一个各国纷争的时代，各国统治者急需各式各样的人才来辅助自己以得天下。比如曹操的“唯才是举”，刘备的“三顾茅庐”等。正是由于在这种特殊的背景下，产生了各国之间互相争夺人才的局面。形成了荐举、九品中正、考课和试官等官吏选拔制度，并确定了相应的人才测评内容。

荐举一般是由大臣荐举，是一种由上而下推荐人才的选择人才的方法。不管是在《三国志》还是《三国演义》中都可以看到很多荐举

的例子。荐举在三国战乱时期，是一种最为普遍的、也是一种选择人才最快、最有效的方法。

九品中正是魏国曹丕时期制定的一种选拔人才的制度。各州郡选出中正和大中正，再由他根据一些标准选出当地的人才，并将所选人才列为9等，称为九品。九品中正制使得人才选拔更为公正、客观，是人才选拔历史上的重要一程。

考课就是按一定标准来考察官吏的功与过，进而对他们进行升降赏罚。诸葛亮在《考黜第八》说明了对官员定期考核，“迁善黜恶”的重要意义和考核政府官员的五项具体内容。

试官即试用准备录用的官员，就是把认为适当的人选放在某个职务上试用，观察他的才能与职务的匹配程度。魏国的试官，世代相袭。魏文帝即位，即欲试用卫臻为尚书令。魏明帝即位，用卫臻典选举，臻依前法，坚持试官。孙权也用此法选拔才能，曾试用薛综为贼曹尚书。

三国时期的人才测评主要有“德”“才”和“功与黜”三方面的内容。《三国志·魏志·毛传》中提到曹操“举用皆清正之士”，也就是选用清廉正直的人，选用克勤克俭，不贪赃枉法的人。

“才”是一个人才所具备的最根本、最核心的能力。三国时期，最重“才”者恐怕非曹操莫属，重才是曹操始终如一的重要观点。他曾连续三次颁布“求贤令”，提拔了郭嘉、于禁、乐进、张辽等许多人物，他们都是一些地位低下或道德名声不好之才，但最终皆为佐命立功、列名之将，为曹操统一北方立下汗马功劳。

诸葛亮在用人上主张要因人制宜，并提出了很多具体职务应具备的具体才能。“功与黜”，即一个人在以前的功绩或过错。通过考证，提拔政绩卓著的，撤换政绩恶劣的。鼓励良善，罢黜邪恶，显示出利害与祸福。

知识点滴

孙权治理国家的法宝即是招揽人才，重用人才。他上台伊始便广招贤士，重用谋臣，开设宾馆于吴会，顾雍、张闵接待诸宾。

短短几年中，先后招揽了鲁肃、阚泽等一帮文臣；吕蒙、丁奉、陆逊等一帮武将。更为重要的是，孙权善于任用人才，充分调动他们的积极性，发挥他们的主观能动作用。

在许多重大战役中，孙权都是将指挥战争全权委托给前方的军事统帅，放手让他们施展自己的才能，从而书写了三国战争史上的许多辉煌篇章。

晋朝职官构架及官吏选拔

晋朝是我国历史上的大一统朝代之一，分为西晋与东晋两个时期。它上承三国，下启南北朝，属于六朝之一。

晋朝官制中的军、民、财不再各成系统，只要是为了军事上的便利，都可以打破常规。因而在官职、爵位及任用选拔等方面，执行了积极的政策，形成了一种军事与政治合一的局面。

晋朝官制源自三国官制和东汉官制，但尚书省的组织比东汉更为严密。尚书令为尚书省的首官，仆射是次官。晋朝以执金吾荣为尚书左右仆射，自此开始，仆射分置左右。

东晋时，有吏部、祠部、五兵、左民、度支五尚书。祠部尚书常与右仆射通职，没有固定设置，经常以右仆射兼任祠部尚书；如右仆射缺，则以祠部尚书代行其职。此外，还有左右丞。

晋左丞主管尚书台内禁令，宗庙祠祀，朝仪礼制、选用署吏。右丞掌尚书台内库藏庐舍，所有器用之物及廪赈民户租布、刑狱兵器、督录远道文书、章表奏章等事。又有尚书郎。

晋武帝时，罢前朝农部、定课，置直事、殿中、祠部、吏部、三公、比部、金部、仓部等三十四曹郎。以后又置运曹，合三十五曹，并置郎。

魏晋以来，中书监令掌赞诏命，记会时事，典作文书。中书监令在西晋位尊于尚书令，到了东晋，其任更重，多以诸公兼领。

东晋初年，曾一度改中书侍郎为通事郎，不久又改为中书侍郎。其下是中书舍人。西晋初年，初置舍人、通事各一人，东晋把舍人、通事合称为通事舍人，掌呈奏案章。后罢去，而以中书侍郎一人当直并掌诏命。

西晋初年，晋武帝以秘书监与中书省合并，犹保存著作局。晋惠帝置秘书监。其属官有秘书丞，著作郎。晋惠帝时改著作郎隶秘书省。著作郎有一人，称为大著作郎，专掌国史，又置佐著作郎8人。

晋把汉代的侍中改为门下省，作为皇帝侍从、顾问机构，长官为侍中。侍中还常代表皇帝与公卿辩论朝政，其地位虽然不高，但因接近皇帝，显得很重要。南北朝时，凡属重要政令，皇帝都征求侍中意见，这就使门下省也开始成为参与国家大政的部门。

给事黄门侍郎与侍中共同管理门下省诸事，本无定员，晋置四人。散骑常侍，无定员，西晋初年，沿东汉旧制不改。晋惠帝曾经以宦者董猛为中常侍，后来便废止。给事中也是加官，所加或大夫、博士、议郎，掌顾问应对，位次中常侍，在散骑侍郎下，给事黄门侍郎上，无定员，又有通直散骑常侍。

晋武帝时称为通直散骑常侍，东晋置四人。员外散骑常侍，无定员。晋元帝时称通直散骑侍郎。总之，散骑常侍与散骑侍郎各有本官与通直、员外三种。晋之散骑虽隶属门下，但又另设散骑省，又以中书职务付与散骑省，所以散骑也掌表诏。

两晋其他重要官职还有丞相、八公、位从公及九卿。

以中枢官而论，晋初不置丞相。晋惠帝时改司徒为丞相。其后，宋、齐、梁、陈各朝，司徒与丞相相同，且废置不一。

晋之丞相如梁王肜、成都王颖、南阳王保以及王敦、王导等人，都是独揽大权。他们上胁天子，下压群臣，不遵守寻常人臣的职分。这种情况是汉末曹操当丞相以来所造成的。

两晋诸王及王敦、王导等人任“丞相”，皆因人而设，并非定职，有时在制度上不设这种官，而在习惯上有这种官。但是，其中有一点是可以肯定的，即凡是真正总揽大权的，都必须加上录尚书事的称号。

因为其他宰相，可能不处理日常公务，也可能不问小事，录尚书事则是一切公文都必须经他审阅，即使是威望极重的权臣，也不能不兼此称号，才能保证事权的高度集中。

八公之置，不止是为了尊崇世族中门望特高的人。晋武帝派侍中

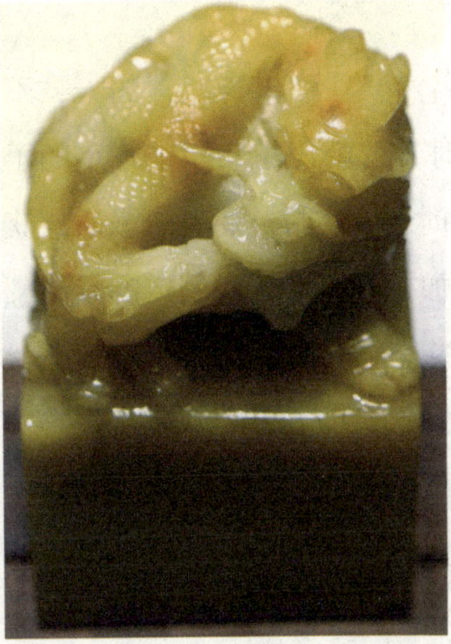

任恺与这些元老联系，他们也参议朝政，只是年高体弱不参加日常执政。在晋朝三公依然有执政官，比如太保卫瓘录尚书事、司空张华作为公辅都参与执政，与司徒王导都是三公任宰相。

八公属官有长史、西阁、东阁祭酒、西曹东曹掾、户曹、仓曹、贼曹属各一人，每曹皆置御属、令史、学干。保卫诸“公”的，有武贲12人。

位从公是曹魏的旧制。凡是开府仪同三司，都是位从公。所谓“开府”，是指开设府第，设官置吏；仪同三司是说仪仗同于太尉、司徒、司空。

八公及开府位从公者，品秩第一。骠骑以下及诸大将军，既不开府，又非持节都督者，品秩第二。

晋元帝置督军御史，以都督诸军为上，监诸军为次，督诸军为下。持节将军以使持节为上，持节为次，假节为下。

使持节有权杀二千石以下之官；持节有权杀无官位的平民，若在用兵作战时，得与使持节同。假节只能诛杀犯军令的人。

由于尚书省机构繁密和权力扩大，国家庶政，均经由尚书、中书处置，因而九卿职权多被侵夺，所以荀勖建议把九卿并入尚书。可见当时九卿仅空有其名，失去存在的价值。

晋朝的建立者司马氏不是大姓，其统治基础是薄弱的，能否控制豪强大姓对顺利执政具有重要意义。司马氏除了施行占田制，限制佃客和食客、增强百姓和中小地主阶级力量限制豪强外，主要是通过官职和爵位增强皇权地位。

晋朝重视任用那些得民心，有忠义名声，往往出身寒素的人，不是局限在豪门显贵中任用人才。与此同时，晋朝任用豪门中嫡宗的子弟。晋朝对于爵位的控制更重视，因为当时还是实封，要是豪强家族获得实封的民户，必然会造成豪族势力的更加扩充，那朝廷制定的限制豪强佃户、食客的政策就会形同虚设，这些豪门对中央权威和影响力就会构成威胁。因此，司马氏在用人上就更倾向寒素。

在统一战争中，主要的执行者张华、王浚、唐彬都是爵位很低的寒素出身，3人都仅是关内侯，这样战后封赏县侯连升三级能显现封爵优厚，比让郡公、县侯统兵更能招抚人心。

在晋朝出现了地位很高、权势很大，往往爵位却是很低的现象，这种现象是晋朝政治的特点，也是司马氏这样不大的著姓能有效统治的政治基础。像陆玩是兴平伯、陆纳没爵位，两人都是司空，仅陆晔是公爵。

司马氏这样的政策是正确的，因为在封建社会要是宗室不是强族，难以保障世袭封爵的安全，即使开国封爵的祖先忠于司马氏，不能保障儿孙能忠诚，前代功臣不到三代所剩无几的情况对晋朝教训影响很深，过度封爵也会增加社会的不安定因素。

晋朝的外戚也都理解朝廷的这项政策，外戚几乎没有郡公、县公封爵的，王濛父子没爵位，何准子孙辞让县侯，很多辞让封爵居低爵，或干脆不要爵位。

爵位低的外戚往往也被重用，像胡奋仅是夏阳子，但是任尚书仆射，何冲封的爵位更低，仅是都乡侯，但实际权势在有晋外戚中，罕有匹敌，执掌朝政10多年，后来的桓温集团就是依靠他发展起来的。

西晋时选拔官员仍依曹魏的“九品中正制”。当时世家豪族在政治上、社会上都有很大的势力。在中央做官的，多是世家豪族；做各州、郡大小中正的，大多也是世家豪族。所以，大小中正品第人物，只重门阀，不论才智，全凭个人的好恶，对政府完全不负责任。

西晋时期，反对“九品中正制”的人很多，一方面表示世族业已控制了选举，而司马氏的政权既以世族为中心，自然不能反对这种制度或阻止这种趋势；另一方面也说明这种制度事实上已为门阀所利用，以巩固其既得的利益。

东晋以后，门阀形式已经凝固，士庶以血缘区别的理论业已建立，所以，反对者也越来越少了。东晋沿两汉旧制，察举孝廉秀才，初期征召试用，以示慰勉。后则诏定考试，并规定了严格的赏罚制度，若不中科者，除本人受到禁锢外，所在州郡官员也要受到惩处。

知识点滴

西晋士大夫石崇和晋武帝司马炎的舅舅王恺争比阔绰，互不示弱。晋武帝常常资助王恺，曾把一棵二尺来高的珊瑚树送与王恺，这棵珊瑚树枝条葳蕤，少有可与之媲比的。

王恺拿来给石崇看，自鸣得意，谁知石崇看后，就用铁如意敲它，应声而碎。王恺既惋惜，又觉得石崇在妒忌他，一时声色俱厉。

石崇叫下人把家里的珊瑚树尽数取出，同样光彩夺目，像王恺那样的就更多了。王恺看了，惘然若失。由此可见，一个人敝帚自珍是不行的。

北朝职官及官秩和勋爵

南北朝时期是我国职官制度从三公九卿制向更高级的三省六部制演进的过渡时期。在这段时期，我国大部分时间处于分裂、割据和战争的状态，各个王朝为了适应战争的需要，原来的一些正规的职官或撤销或空有虚名，而一些临时性的职务反倒发挥了重要作用，极大丰富了我国古代的官吏制度。

但是，这就造成了这一时期职官设置的纷繁复杂。尽管如此，其主流还是与秦汉一脉相承的，也是为了适应当时的需要。

南朝包括宋、齐、梁、陈四朝。南朝官制在沿用魏晋之旧的同时仍各有许多改置，但从官员实际权力的运作看，又有明显的变化。

变化最大的是中书省。自刘宋以后，中书监、令虽仍由门阀士族出身的官员担任，但实权逐渐转移于中书舍人。

首先，这是因为南朝建国的几个皇帝都是寒门出身的武将，对士族出身的尊官无法指挥，不得不引用寒门出身、地位较低的中书舍人，寄予心腹之任。

所以，宋、齐、梁、陈四朝的中书舍人号为“恩幸”，拥有很高的权威。中书舍人往往又兼任员外散骑侍郎、给事中，这样，中书、门下两省皆在“恩幸”的掌握之中。

其次，是门下省。门下省长官仍为侍中。宋文帝元嘉初年，侍中权势甚重，以后逐渐受到冷落，大权旁落。南朝又从门下省分立集书省，以散骑常侍为长官，其下有通直散骑常侍、员外散骑常侍、散骑侍郎、给事中、奉朝请等。

门下省的主要任务是“封玺书”，即下行诏敕经过门下省审核，画可后付相关机构执行。不过门下省大权也归于“恩幸”之手。

南朝尚书省机构设置没有太大的变化。省中官吏都是门阀中人，朝廷上的尊官。在中书、门下两省掌握决策、审议职能的情况下，尚书省的权力有所减弱，一般不再当面奏事，也不参与决策中枢的议

政，只是以九卿领袖身份处理日常行政事务。

但是，尚书省毕竟是内外行政事务的汇集处，尚书省令、仆射更是地位尊贵，诸曹尚书各能久任。但当皇权有所削弱或新君继位的时候，皇权下的权力中心往往又复归尚书省。

南朝官制也有不同于魏晋之处。刘宋设官，虽大略如晋，但所设将军名号比东晋要繁杂得多。带将军称号不一定统军，中央要职及地方军政长官通常都有各种将军头衔，将军称号成为较高地位的一种标志。

中央派往各地的镇将不用士族，改由诸王充任，皇帝则另派自己的亲信充典签官，代镇将掌实权或分掌实权，并监视镇将的举动，称作“签帅”。当时皇帝利用典签官作为耳目，来监察诸州政事及宗室诸王。

在地方的建置上，刘宋王朝省去许多侨郡、侨县。在少数民族地区设中郎将、校尉等官，如平越中郎将、西戎校尉、南蛮校尉、宁蛮校尉等。在划分官员的等级上，官品与禄秩并用，但高低往往不相应合，较为混乱。

齐朝官制变化更小，只是设官比刘宋更为繁密。官秩用九品制，但州刺史仍称二千石。梁朝官制较刘宋、萧齐变化为多。梁武帝在选用官吏上，宗室、士族、寒族并用，使官员的数量大大增多。显著的变化有4个方面：

一是梁武帝鉴于宋、齐用典签官监临诸王，权力虽然集中于皇帝之手，但骨肉相残，政局不稳。于是，他取消了典签官监临诸王的体制，使诸王成为握有实权的镇将。

二是诸卿按春、夏、秋、冬划分，共12卿。春卿是太常卿、宗正卿、司农卿。夏卿是太府卿、少府卿、太仆卿。秋卿是卫尉卿、廷尉卿、大匠卿。冬卿是光禄卿、鸿胪卿、大舟卿。

三是宫职中大长秋掌管宦者。太子宫增设东宫常侍，由散骑常侍兼领。

四是职爵秩繁杂。梁朝除王之外，实行公、侯、伯、子、男五等爵制。官员等级以品级与禄秩并行。

陈朝官制承袭梁朝，变动极小，唯品秩立为九品。如尚书令为一品，中书监为二品，侍中、散骑常侍、御史中丞三品，郡太守五至七品，县令、长八至九品。

此外，南朝职官有清浊之分。当时所称的清官、浊官与后世清官、贪官不是一回事。清官，指职务清要的官位；浊官，指武职或职务繁杂的官位。由浊入清，则是官员们所企盼的。这种官分清浊的现象，在北朝也同样存在。

宋、齐、梁、陈四朝虽各有不同，但增设官额，以及虚立官名以安置功臣、贵戚、豪门的情况则是一致的。当时各朝政府中的共同弊病是官员偏多、人浮于事，朝臣、镇将相互扯皮，矛盾日益加深，造成统治基础不稳固，使得权臣趁机夺取君权，改朝换代。这就是四朝都成为短命王朝的原因之一。

北朝包括北魏、东魏、西魏、北齐和北周。北魏官制中最有特色的是尚书省的议政制度。北魏议政方式强调的是集体。有八座即尚书令、仆射及诸曹尚书议事的方式，也有扩大到丞、郎中的博议方式，更有尚书省与门下省、中书省等机构的合议方式。特别是最后一种议政方式，对后来隋唐三省制的发展有着极其深远的影响。

北魏御史台长官不称御史中丞，而称御史中尉。增设的机构有中侍中省和昭玄寺。

中侍中省是近侍机构，以中侍中、中常侍为长官，其下有中给事中，领中尚药、中尚食、内谒者诸局。

昭玄寺是管理佛教事务的机构，以大统、统为长官。封爵实行五等爵制。地方仍分州、郡、县三级。此外又有行台之设。

北魏后期出现的行台，是作为中央的派出机构，对地方拥有指挥权。行台逐渐发展成为州上的行政区。

北魏官秩变化较大，分九品，每品各置正、从，四品以下，每品正从再分上、下阶，凡30阶。对后世影响很大。

此外，北魏官制值得注意的是后期丞相、大丞相、相国等官位的复出。这些官位皆非寻常人臣之所居，往往是掌握朝中军政实权的大臣自命，如高欢、宇文泰。以后东魏、北齐、西魏、北周，以及杨坚取代后周，建立隋代，皆由此而起。

东魏官制与北魏相同，变化极小。北齐官制中最突出的是列卿各机构正式改名为寺。有太常、光禄、卫尉、太仆、大理、鸿胪、司农、太府、国子、长秋、将作、昭玄12寺。太常至太府各寺的长官称卿、少卿，国子寺的长官称祭酒，长秋寺的长官称卿、少尹，将作寺的长官称大匠，昭玄寺的长官称大统、统。

西魏时候，执政的宇文泰曾命苏绰、卢辩用《周礼》所载官制改造西魏官制，556年正式实行。第二年，北周取代西魏，官制则不变。

西魏官品分九命，第一品为九命，第九品为一命。禄秩以石计算。太师、太傅、太保为三公，正九命。少师、少傅、少保为三孤，正八命。三公三孤皆为“论道之官”，不与实政。

中央政务由按《周礼》设置的“六官”主持。所谓六官，是指天官、地官、春官、夏官、秋官、冬官。六官各置一府，长官称卿，合为六卿，均正七命。

天官府长官大冢宰卿，地官府长官大司徒卿，春官府长官大宗伯卿，夏官府长官大司马卿，秋官府长官大司寇卿，冬官府长官大司空卿。六官的地位实与尚书八座的地位相当。所以隋代北周后，首除六官，恢复三省，并非偶然。

北周地方分州、郡、县三级。除雍州设州牧外，各州设刺史。郡

除京兆设尹外，各设太守。县设令。州、郡、县各以民户多少分为5等，决定命官高下。

北周军制也仿周官六军之制，把十二军鲜卑禁旅改为六军，六军分统于六柱国，每军设两个大将军，每个大将军督两开府，共24开府，开府下又有郎将，称之为府兵制。

西魏时掌握实权的宇文泰与宗室元欣都是柱国，与六军柱国合起来为八柱国。

南北朝时期的官吏选拔制度沿用魏文帝曹丕时的“九品中正制”。此制至西晋渐趋完备，南北朝时又有所变化。

南北朝时期，以九品中正制为基础选拔官吏，逐渐形成了“上品无寒门，下品无士族”的局面，意思是当官的没有出身卑微的，而身份卑微的没有出身显赫的。

士族是在南北朝时期重门阀，别于庶民，自成一特殊阶级的缙绅之家的等级。下品是古代官品制的“九品中正”制度的下三品，即下上、下中、下下的三品，是属于低官品的官员。很显然，其中“品”主要是指品评士人的家世等级。在当时，官吏品评的主要内容包括3个方面：

首先家世，即家庭出身和背景。指父祖辈的资历仕宦情况和爵位高低等。这些材料被称为簿世或簿阀，是中正官必须详细掌握的。

其次行状，即个人品行才能的总评。当时的总评很简括，如“天才英博、亮拔不群”“德优能少”等。

最后定品，也就是确定品级。定品原则上依据的是行状，家世只作参考。但实际上出身寒门者行状评语再高也只能定在下品；出身豪门者行状不佳亦能位列上品。于是就形成了当时“上品无寒门，下品无士族”的局面。

这一局面是南北朝时的现象，当时实行的是察举制，所以很多名门望族就推荐自己的子孙去担任要员，有时候和其他大员互相推举对方的人选。当然有极个别的例外情况，但除非是皇帝钦点的。

知识点滴

西魏王朝的实际建立者和北周政权的奠基者是宇文泰，他在用人上奉行唯贤是举，不限资荫，只要德才兼备，就可身居卿相。

在这一选人思想的指导下，宇文泰将来自不同方面的人聚拢在自己周围，如李弼原是侯莫陈悦帐下大都督，且互为姻亲，后倒戈归附，宇文泰毫无戒备之心，予以重用，成为统率府兵的八柱国大将军之一。

正因为宇文泰能唯贤是举，用人不疑，所以西魏政府上下协力，内部团结，保证了各项政策顺利执行。

隋朝三省六部制与科举制

隋朝虽是一个短暂的王朝，但其官制却在我国古代官制史上占有重要的地位。

隋朝朝官制度的最大特点是，集东汉以来朝官制度发展变化之大成，制定了三省六部制，为以后唐宋官制的发展奠定了基础。

同时，隋朝建立的科举制度，把读书、应考和做官三者紧密结合起来，揭开了我国科举史上新的一页。

隋文帝杨坚建立隋朝后，建立以尚书、门下、内史三省以及尚书省六部为核心的朝政机构。

隋朝中央机构主要由三师、三公、五省、三台、九寺、五监组成。

三师，指太师、太傅、太保，既无职事又无僚属，只用以表示对大臣的尊崇。三公，指太尉、司徒、司空，虽可参议国政，但其位常缺。

五省，隋文帝杨坚时指尚书省、内史省、门下省、秘书省、内侍省。隋炀帝杨广时改内侍省为殿内省，仍为五省。

五省中最重要的是尚书、内史、门下三省。三省长官同秉大政，都是宰相。至于秘书省和内侍省，前者管理经籍，后者侍奉皇帝日常生活。

尚书省是最高行政机构。名义上的长官是尚书令，但不轻授，实际上由左、右仆射分职治事。下设吏部，主管文官的选用和考课；礼部，主管学校和礼乐；兵部，主管军籍和马政；都官部，主管司法刑政；度支部，主管国家财税；工部，主管工程建设。

六部之长称尚书。每部又有四司，凡二十四司。隋初司官有侍郎、员外郎。隋炀帝时，以侍郎为六部尚书的副职，各司设郎、承务郎。

内史省是中枢制令机构，前身是中书省，隋代因讳改称。长官是内史令，其属有侍郎、舍人、通事舍人、起居舍人、主书录事。

门下省在隋初是侍奉谏议机构。长官是纳言，副职是给事黄门侍郎，隋炀帝时候去掉“给事”二字，另加置给事郎，属官有录事、通事令史。又有谏议大夫、散骑常侍等，均为谏官。

隋炀帝不喜人谏，省去谏官之职。隋初，门下省还统有殿内等局，负责皇帝的日常生活。

至此，中央核心机构完成了从秦汉三公九卿制向三省六部制的过渡。特别是尚书省下六部二十四司的行政格局，更为唐以后各代相沿不改。

隋代的三台是御史台、谒者台和司隶台。御史台是监察机构，长官是御史大夫，属官有治书侍御史、侍御史、殿中侍御史、监御史。谒者台、司隶台为炀帝所设，分御史台之权。

隋文帝设十一寺，隋炀帝时改并为九寺。九寺是太常寺、光禄寺、卫尉寺、宗正寺、太仆寺、大理寺、鸿胪寺、司农寺、太府寺。九寺分掌礼仪、膳食、禁卫、宗室、车马、刑辟、属国朝会、上林、太仓、府库、京市等事。各寺长官为卿、少卿。

五监是国子监、将作监、少府监、都水监、长秋监。分掌学校、营造、内府器物、河堤水运、内廷侍奉等事。

九寺五监与尚书省六部二十四司有些职能似有重复，但侧重点不同，后者从制令角度总领行政事务，前者是具体办理所属事务。如礼部掌礼乐典章制度，但行大礼大祭时，一应器物、人员的安排，则由太常寺承办。这种分工一直延续到明清。

隋代选拔官吏的方式，是由国家设立科目，定期举行统一考试，通过考试来选拔官吏，这种做法，也叫“开科取士”。这是我国古代科举制度的最早起源。

582年，隋文帝下诏推举贤良，5年后又下令罢州郡荐举，命各州每年贡举3人，进行考试，得高第者为秀才。隋文帝还要求京官五品以上据此推举人才。隋文帝的这一创举，到隋炀帝时得到进一步发展，隋朝在地方设州学、县学，并要求这些学校向朝廷举荐人才。在整个隋朝，举行了四五次考试，开始考取的叫秀才，后来考取的才叫进士。隋朝的“进士”“孝廉”和“秀才”都由州郡地方长官推举。

不同的是，进士由州郡推荐后，再由朝廷进行策试，以策试的成绩作为录取的标准、孝廉则以德行为重，但考试成绩不作为标准。秀才考试要求比进士尤为严格，所以应举者极少。隋朝科举属于初始阶段，考试没有定期，考试办法也不完备，但开科取士这个政治措施，把读书、应考和做官三件事紧密联系了起来。隋朝的科举是察举制向科举制的过渡，开创了我国考试制度的新纪元。

知识点滴

杨坚在称帝之后，吸收了北周被自己灭掉的教训，加强对地方的控制。他把自己的儿子们封到各地去驻守，掌管当地及周围的军事。

为了更好地治理国家，他罢黜了一些没有才干的大臣，包括对自己夺取帝位有功的人，将一些有真才实干的人提拔上来，辅佐自己管理国家政务。

在政权基本稳定之后，他便开始了一系列的改革，包括了中央和地方的政治体制、赋税、土地制度、法律、钱币、对外关系等方面。隋文帝杨坚堪称一个有功绩的皇帝。

唐朝完备的官吏制度体制

唐朝的政权组织形式比较合理，它继承和发展了前代的三省六部制，既可相互制约，又分工明确。

同时，唐朝在官吏的选拔、任用、考核、奖惩、监督等方面，也制定了与之相应的制度，使官吏体制更为合理。

唐朝官制在一定程度上确保了政务清明，因而迎来了繁荣昌盛的盛唐气象，创造了我国封建社会最昌盛的时期。

唐初官制基本承袭隋制三省六部制，唐太宗李世民为了加强中央集权，逐步加以改革，使这一制度日趋完备。不仅建立健全了完备的中央机构，而且改革强化了地方政权，构成了行之有效的行政机制。

唐朝中央机构由政事堂、台省、卿监、南北衙卫军及东宫官属几个部分组成。政事堂在唐初设于门下省，为宰相议事之所。唐朝宰相注重集体共同论执朝政，而不是以个人尊官独掌相权。尚书省长官无加衔的不是宰相。

唐玄宗时改政事堂为“中书门下”，下设吏、枢机、兵、户、刑礼五房，分曹办事，从议事所变为办公处。唐后期宰相的名号基本是“同平章事”。

台省指尚书省、门下省、中书省和御史台。

尚书省是最高政务机构，负责执行经中书省起草、门下省审核、最后由皇帝批准的各项诏令。长官是尚书令，因唐太宗即位前曾任此职，此后臣下不敢居此职，遂以左右仆射为尚书省长官。

尚书省有一个总机关，称尚书都省。都省中设尚书左丞和尚书右丞，分掌左右两司，左司管吏、户、礼三部，右司管兵、刑、工三部。都省通常不直接参与六部事务，只是实行政务督察。

门下省是对中书省起草的诏令、尚书省拟制的奏疏进行审议的机构，有封驳权。封是封还诏书使不下行，驳是驳正百司奏抄公文失误之处。

长官为侍中，副长官为门下侍郎。具体执行封驳职事的是给事中。门下省分设左右散骑常侍、左右谏议大夫、左右补阙、左右拾遗，均为谏官。门下省与中书省关系最密。

中书省是由隋朝内史省改置，曾先后改名西台、凤阁、紫微省，后仍复名中书省。主要职掌是起草诏命，颁发制敕。长官是中书令。副长官是中书侍郎。具体负责起草诏敕的是中书舍人。

御史台是最高监察机构。武则天时曾改为左、右肃政台，分察朝官和郡县。后又改为左、右御史台。唐睿宗时复旧。御史台台长为御

史大夫，台副为御史中丞。大夫不常设，中丞往往是实际上的台长。

唐代不仅在谏官的组织方面进一步完善，而且在实际运行中也很有特色，特别是在唐太宗的时候，谏官职能发挥得比较充分。著名的谏官就是魏徵。魏徵以直谏敢言著称，是中国史上最负盛名的谏臣。

唐代担任中央警卫任务的军队是南北衙禁卫兵。南衙十六卫，沿隋代十六卫府而设；北衙诸军是“安史之乱”后逐渐形成的。北衙禁军中以左右神策军势力最大。北衙禁军形成后，南衙诸卫渐成闲司。

东宫官与隋代相仿。除设太子三太三少外，还有太子宾客，职务是侍从规谏，赞相礼仪；侍读，负责教习太子，讲导经学。又置詹事府，改隋门下、典书二坊为左右春坊。左春坊侧重规谏，驳正启奏；右春坊侧重献纳启奏，宣传令言。

唐代官制中一个重要的特点是，在一般行政系统之外，另有使职差遣。所谓使职差遣，指临时派某官办某事，事毕则罢。中央重要的使职有翰林学士和宦官四贵。

翰林学士始设于唐玄宗开元年间。选朝官中有词艺学识者充任，不计官阶，也无官署，只是轮班在宫内学士院住宿，备皇帝咨询，代拟诏诰文书。

由于翰林学士经常在皇帝左右侍奉，参与谋划，极为尊荣，日后往往可以任宰相。唐宪宗时，置学士承旨一人，为翰林之首，时称“内相”。

宦官四贵指左右中尉和二枢密使。中尉原指左右神策军的监军，唐德宗时候改名，是北衙诸军的实际统帅。枢密使的职责是接收章奏，进呈皇帝；皇帝有所命令，枢密使则传达中书门下施行；与宰相共参国政。宦官四贵分割了将相事权。

唐穆宗后，皇帝的废立生杀几乎都有宦官四贵的参与。唐后期宦官专权，主要就是指四贵把持朝政，其中枢密使还有“枢相”之称。

唐代的地方官制也很完备。“安史之乱”前，地方分州或府、县两级。州或府设刺史，县设令。这两级职官配备了有效的下属，并各司其职。

唐代为管理周边地区，又设置了都督府和都护府。都督府初称总管府。都督府设官与府州相仿，惟长官称都督。有大、中、下都督府之分。大都督府都督由亲王遥领，长史主持事务。通常都督总领所管诸州军事防务，同时兼任所在州刺史，“安史之乱”后废除。

都护府与都督府不同，都督府主要任务是掌督所辖州的军事，都护府具有管理羁縻府州的职责。羁縻是笼络的意思，所谓羁縻府州，是指仿内地府州而设在少数民族地区的一种行政单位。

都护府分大都护府和上都护府。大都护府设官有大都护、副大都护、副都护；上都护府设官有都护、副都护。唐代先后设置有安西、北庭、蒙池、昆陵、单于、安北、安东、安南这8个都护府。

唐代地方还有道的设置，前期为监察区，中央不时派出各种使节巡省。唐太宗时候分10道，唐玄宗时候增至15道。唐后期为40道。

“安史之乱”后，道逐渐凌驾于州府之上，又称方镇。道设节度使或观察使。节度、观察都是使职

差遣，下有文职和武职。中唐以后，节度使权力扩大，逐渐成为一方军政首脑。

唐代还有关于财政方面的使职。如度支、转运、租庸、铸钱等使，名目不一，或分或合。最重要的是盐铁转运使，驻扬州，又分设巡院于各地，对唐后期的财政有重要影响。

唐代职事官包括台省、卿监、南北衙诸卫军官、东宫官属及州县各级官员，都有品级。分九品，每品又分正从，四品以下正从再分上下，共30个等级。九品以上，统称流内官。

唐代散官又称阶官，有文武之分，各有九品29阶。职事官与散官并不完全一致。散官按资历升迁，职事官则量才选用。官员俸禄与散官品阶相关，所以唐代更重阶官。

唐代勋官不仅奖励军功，而且还扩大到文职。勋级共有十二转，以转数高者为贵。十二转为上柱国，是正二品。以下为柱国、上护军、护军等。一转为武骑尉，视从七品。勋官并无实际职任，只是荣誉称号。

唐代封爵九等，依次为正一品的王，从一品的嗣王、郡王、国公，从二品的开国郡公、开国县公，从三品的开国县侯，正四品上的

开国县伯，正五品上的开国县子，从五品上的开国县男。爵位主要授予宗室，功臣也可以获得国公以下爵位。

唐代王公百官俸禄分为土地、实物及货币三种。土地又分永业田、职分田。永业田按勋、阶授给。职分田按职事官品级授给。禄俸给粮和钱，均以散官品阶为标准。唐制封爵有食邑，亲王以下至男爵的食邑都是虚封。

唐代官吏管理制度包括3个方面：一是严格官员选任制度，二是实行官员考核奖惩制度，三是健全官员监督制度。

唐代官吏的选拔方式主要有科举、门荫和入流。科举即“分科举士”，按科目性质又可分文举、武举。门荫是指因父祖为高官，子孙无须经过考试而直接取得做官的资格。

入流就是流外官员经过考铨，升职为流内官员。其中科举是选拔人才的主要方式。通过考试取得做官的身份，就获得了进一步考官的机会，经过吏部的考试，最后真正成官。

唐代任官考试由吏部负责，并以身言书判四项为考试内容。笔试、口试结束后，根据考试成绩，并综合考察官员的品德、才能、勤劳等诸多方面，予以评定品级，并最后正式委任。

在科举选拔官员的基础上，唐代又对官吏的功过、品行和才能等规定了一套考核制度，定期对官吏进行考核评定，并根据考核结果对官吏进行升降赏罚。一是考课制度，二是奖惩制度。

"考课"就是考核政事的优良得失和考核官员的功过善恶。唐朝所有官员不论职位高低，每年都需经过一定的考课，称为小考；每隔三五年，又举行一次大考。

对官吏的考课工作是由尚书省的吏部主管，且具有严格的标准和具体的内容，最后评定上、中、下3等9个级，依据不同等级予以不同程度的奖惩。

奖惩制度是以考课为基础的。国家依照所颁布的法令和行政规则，在一定的年限内，对各级官吏进行考核，并且依其不同表现，区别不同等级，予以升降赏罚。

考课列于中等以上的官吏，在政治上可以升官，在经济上可以加禄；反之就要降级罚禄，情节严重的，甚至要受到罢官的处分。

唐代官吏的监督制度已经相当健全和成熟，唐代官吏监督机制包括以下3个方面：一是考核，二是御史台，三是谏议制度。

唐代“考课”制度起到了对百官进行监督的作用。通过定期对官吏的考核，评定其功过，保证官员依法行政，使国家政绩得以保障。

唐代设有负责监察的御史台。御史台是独立于其他机构之外的专门的监察机关，其主要职责是对国家政策、法令的执行情况，以及最高统治者执行政务的情况进行监督，提出意见，或批评，甚至可直接对皇帝本人进行规谏。

通过对一切官僚进行全面监督的作用，保证了中央及地方各级官员依法行政，提高行政效率和质量，巩固中央统治。

知识点滴

唐太宗李世民深得用人之道。

有一次，唐太宗责问宰相封德彝为什么好久也没有推荐一个人，封德彝回答说：“不是我不尽心去做，只是当今世上没有杰出的人才啊！”

唐太宗一听批评他说：“用人跟用器物一样，每一种东西都要选用它的长处。古来能使国家达到大治的帝王，难道是向别的朝代去借人才来用的吗？我们只是担心自己不能识人，怎么可以冤枉当今一世的人呢？”

唐太宗既能用人之长，又能容人之短的用人之道，让封德彝汗颜。

德才兼备

从五代十国至元代是我国历史上的近古时期。五代十国是唐末藩镇割据的继续和发展，分裂局面下的选官用官制度异常混乱。

宋代官僚机构的臃肿庞大，是造成宋朝“积贫积弱”的一个极其重要的原因。元朝建立和统一后，以中书省领六部掌全国政务，三省六部制演变成为一省六部制，中央集权进一步加强。

但元朝的民族歧视，导致官僚机构往往难以有效运作。从总体上看，专制主义中央集权的不断加强是这一时期的发展轨迹，其影响同样是深远的。

五代十国时期的官制

自从朱温篡夺唐王朝后，中国历史进入了“五代十国”时期，五代十国是连接唐、宋两大王朝的5个小朝廷和10个割据政权。五代十国官制大体沿袭唐制，朝廷以三省六部为主干；地方官制也是州、县两级，重要城市设府。

此外，五代各割据政权在对峙的局面下，还建立了相应的武装力量体制。五代十国官制废置不常，比较混乱，但这恰恰反映了这个特定时代的历史面貌。

五代是后梁、后唐、后晋、后汉、后周。除后唐建都洛阳外，其余都建都开封。十国是前蜀、后蜀、吴、南唐、吴越、闽、楚、南汉、南平、北汉。北汉建国于今山西境内，其余九国都在南方。

五代十国的中央行政机构，主要设有主管行政的三省六部、主管财政的三司与主管军事的枢密院，这个制度后由宋朝继承。

三省为尚书省、门下省与中书省，下设六部尚书，并分司办事。

五代方面，后梁朱温重新设置唐朝空置的尚书令，并且定为正一品，改唐朝的尚书左右丞为左右司侍郎。又设中书门下省，置“中书门下平章事”，改司政殿为金銮殿，设大学士一员，以崇政院使敬翔为金銮殿大学士。

后唐李存勖恢复唐朝旧制，并访求唐时宦者悉送京师，于是宫内各执事和诸道监军都用宦官。他采纳宦官的建议，分天下财赋为内外府，州县上供者入外府，充经费；方镇贡献者入内府，以便给赐左右。其宦官跋扈之势俨然重现，引起朝臣的不满。他还设左右仆射，与尚书左右丞均为正四品。

五代基本地沿袭了唐朝中后期的中书门下制度。中书省和门下省的官员品级比唐朝高，其长官侍中在唐代宗以前均为正三品。后晋的石敬瑭也担任前朝中书令，石敬瑭建立后晋时，中书令和侍中均为正二品，左右常侍从三品升为正三品，门下侍郎从正四品升为正三品。

十国方面，设有等同于宰相的官职，如楚、吴的左右丞相，吴、南汉的参知政事，吴的参相府事等，都等同于宰相的职称。

三司使专管财务，至五代时才确定。早在唐朝时就有户部、度支、盐铁等三司分管租税、财务收支和盐铁专卖、物资转运事务。后唐曾设置租庸使以管辖三司，最后正式设置三司使和副使以管理朝廷财务。地方财政也需听从三司使的命令。以后历朝相承不废，宋朝设置的三司就是缘自五代。

枢密院掌管军事，又大多为武将。枢密使掌握军事，其实权往往超过宰相，可直接下令任免藩镇。所以通常由皇帝最亲信的臣僚充当，有时又以宰臣兼任枢密使。

例如959年后，周世宗柴荣命司徒平章事范质与礼部尚书平章事王溥参知枢密院事，借此以加强文人官僚制度。早在唐代宗时就以宦官掌枢密，所统领的左右神策军护军中尉与两枢密使共称“四贵”。此后宦官往往侵

夺相权，甚至废立皇帝。

唐朝后期，朱温大杀宦官，至此开始用朝臣充任枢密使。朱温建立后梁后，改枢密院为崇政院，改枢密使为崇政使。

923年，李存勖又复称枢密院，并设枢密使与副使。后晋曾以宣徽使代之，但不久又恢复。中书和枢密对掌文武两柄的方式，最后由宋朝所继承。而十国等各国或地方藩镇也大抵置有枢密使或相当于枢密使的官职。

五代十国的地方官制继承唐朝后期的形式，即道、州、县三级行政。五代注重对地方官的考课，令其忠于职守，后梁、后唐皇帝都诏谕吏部注意州县官不得姑徇私情。

五代各朝帝王多出自唐时藩镇割据的节度使，全以牙兵即亲军拥立攫取皇位，所以他们非常注重亲自控制亲军，强化对中央禁军的统御。但由于封建割据日趋严重，朝代更迭频繁，各个割据政权的军事制度十分混乱。

五代时期的武装力量可分为中央禁军、地方军和乡兵。中央禁军为军队主力，包括禁卫六军与侍卫亲军两部分，皆由皇帝直接控制。六军一般各分左、右，实为十军以上。

中央军的编制，在五代各朝不甚一致。单以后周为例，后周的侍卫亲军和殿前军逐渐形成厢、军、指挥即营、都四级编制序列。

厢分左、右，每厢辖10军，设厢都指挥使一人，每军辖五指挥即营设都指挥使、都虞侯各一人；每指挥辖五都，约500人，设指挥使、

副指挥使各一人；每都100人，步军设正副都头或军使、马军设正副兵马使各一人。

后周殿前军置正副都点俭、正副都指挥使、都虞侯各一人，统领散员、散指挥、散都头、内殿直、散抵候、东西斑承旨、大剑直等诸班直。诸班直都选拔骁健的武士编成。

五代各朝军队体制多变，且名号繁多。后梁六军有龙虎、羽林、神武、天武、英武和天威。后梁以六军诸卫为中央禁军，并始置侍卫马步军为皇帝亲军。六军诸卫内统军和将军统领，侍卫亲军则由皇帝自统。

后唐初以马步诸军为总管，统治诸部骑兵及汉兵，后改用唐制，以侍卫亲军都指挥使兼判六军诸卫事，成为中央直辖各军的统帅。

后晋将侍卫马步军都指挥使升为最高统兵官，统领全部禁军，六军诸卫制遂废，侍卫飞步军成为中央禁军的总称。后汉沿后晋之制。

后周将护圣改名龙捷马军，隶属侍卫司，与殿前司之铁骑马军等后周中央禁军中四大主力。

另增殿前都点检，统领殿前诸班马步诸军，与侍卫马步军平列，形成殿前与侍卫两司分享中央禁军的体制。

五代的地方军自镇以上置使掌管军事，如节度使、观察使、防御使、团练使、刺史等，且冠以地域名称。州镇军、郡主将以上军职，由朝廷任免。

战时，各级所辖军队奉诏出征，分设招讨使、都统、行营都指挥使等率领作战。将帅之职则由受命征伐的藩帅充任，战毕即免。地方军多袭唐末藩镇旧制，主要由牙军或称衙军编成，属藩帅自置亲军，实为藩镇军。牙军既是五代军队的基础，也是私人武装的核心。

此外，还有义儿军，即由藩帅选骁勇善战者组成的亲军，并以有显著战绩者任军使，与藩帅形成密切的依附关系。地方军主要驻守藩帅治所的地方，兼有征伐与戍边守备之责，并随藩帅迁留。

由于各镇辖境大小不同，地方军编制的牙兵人数不等，少则几百，多则几千，有的上万。基本建制单位为指挥即营，每营500至1000人。后唐孟知祥镇蜀时，有牙兵16营，共1.6万人，每营即为1000人。

地方军以步兵为主，马军即骑兵居次，水军也有一定比例。水军南方十国多于北方，江南的吴、南唐、吴越、楚、闽和蜀等国皆置；中原五代的后唐置水军五都，后周也建有水军。水军多以指挥使统领，常冠飞棹、楼船、战棹等名称。

乡兵是守卫乡土的民兵，有时也补正兵不足，应调参战。乡兵的组成，多从所在乡的丁壮中征集。后唐剑南东川节度使征集民兵，于剑门北防守水定关。

后晋规定每七家税户出一兵，共备兵械、改装，组成义军。当时后唐诸州所集乡兵7万余，通以“武定军”为号。后周也在秦州一带编点税户充保毅军，教习武技，征役时官发口粮。此外，南方十国中也有乡兵。吴有“团结民兵”，南唐、后蜀、楚有乡军或乡兵，均用以自卫乡里。

五代主要实行募兵制，也强征民丁入伍。后梁募兵后为防止逃亡，标明隶属关系，实行“皆文其面，以记军号”的制度。幽州节度使刘仁恭规定，凡境内男子，无贵贱，15岁以上，70岁以下，皆刺“定霸都”3字，共得众20余万。

招募对象主要是流亡农民、破产之家或违禁犯法之人。有些藩镇牙军中的兵士，父子相袭，世代为兵。为应付频繁的战争，还强征民间丁壮入伍。后梁征发诸郡死亡将士兄、弟、子、侄服役。

比如，李存勖曾将其境内丁壮，悉驱南征决战，以救上党之急；后唐发民为兵，自备盔仗；后晋在频年灾荒、百姓饥疫的情况下，兵士不足则扩大年龄标准，战骑不足则借来别人的马匹。后周太祖郭威曾在951年，以十

户征招一人为兵，其余九户以器物资助。

南方十国也实行强征入伍的办法。比如，吴越先是募兵，久无应者，遂抓壮丁入伍，而且凡是被抓来的，兵粮减半；南唐凡是能披坚执锐的百姓都随时为兵，并规定一户有三丁者，必有一人从军。此外，五代后期，还实行以降兵隶军的办法扩充兵员。

五代时期，除经常的庞大军费开支外，军将为驱使部下卖命，对士兵的赏赐很多。后汉高祖刘知远把后宫所有的资财拿出来养军。养军耗费极大，相沿成习，成为各代的沉重负担。

鉴于军队骄悍，纪律松弛，打起仗来往往溃败等情况，后周世宗决计整顿军队。于954年高平之战险遭失败后，先斩不战先溃的右军主将以下70余军吏，使将士不敢懈怠；又选诸军精锐者升为上军，羸弱者予以遣散；还挑选各节度使属下的骁勇之士，组成“殿前诸班”，用以削弱地方兵权。这也为宋朝的建立奠定了基础。

五代的军事领导体制不成体系。与其他军事体制相比，枢密院是五代十国时期较稳定的军事领导体制。枢密使一职来源于唐后期，以宦官充任，五代时改由士人充任。

后梁之初尚无统一的全国军事机构，经过一段时间后才逐渐建立起统一的禁军指挥系统，这就是以枢密使为长的枢密院，从而形成了全国最高军事领导机关。后梁革除宦官掌枢密之弊，改由文士任要职。后唐沿用唐末枢密院一名，有关内外军政长官与将帅任命，包括军队调发、屯戍，粮食征调，马政控制及甲仗发放等军国要政全由其掌领，但不直接掌管军队的指挥。枢密使地位实际高于宰相，并以诸卫将军充任都承旨、副承旨等属官。

后晋开始用武将来担任枢密使，主管征伐。到了后周，枢密院则专掌全国军务，成为中央最高军事领导机关。

知识点滴

李克用懂得用人之道。李克用去世前，曾向晋军主要将领“托孤”，把兵权交给了长子李存勖。

李克用交给李存勖三支箭，每只箭代表一桩李克用未能完成的功业，代表一个仇敌。一是幽州的刘仁恭；二是契丹的耶律阿保机；三是大梁的朱温。

不用说，如果打败这“三大敌人”，天下也将归功于李存勖。此后，李存勖每次出征，都会前往家庙，郑重地请出一支箭，装在随身锦囊里出征。凯旋之日，再送还家庙。成语“还之以矢”的典故，就是来自这里。

宋朝官制加强了中央集权

宋朝专制主义中央集权达到前所未有的程度，基本上消除了造成封建割据和威胁皇权的种种因素。

宋朝政治体制的主要特点就是加强中央集权，中枢官制是中央集权的轴心。在宋朝职官制度上，百官权力分散，重文轻武，权力越来越集中到皇帝手里。可以说，专制主义中央集权的加强是从宋朝逐步发展的。

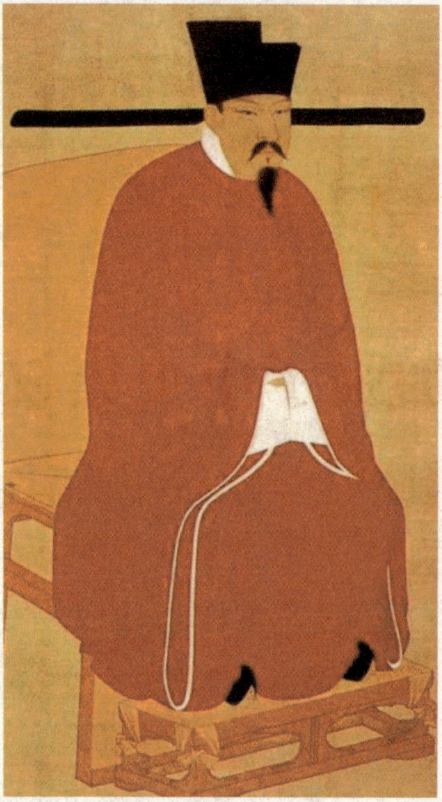

宋朝的中央机构可以分为行政、军事、财政、司法监察和为皇室服务的机构这5个系统。

宋朝行政系统，最高长官仍为宰相，其特点是官名变化多，且权力小于前代。

宋初，沿唐后期和五代制度，设中书门下。中书门下设于宫中，又称政事堂，为正、副宰相治事之所。正宰相称同中书门下平章事，副宰相称参知政事，各设一至三人。下设孔目、吏、户、兵礼、刑等五房，置检正五房公事、提点五房公事等官，处理具体事务。

宋神宗改革官制，撤销中书门下，恢复唐初三省六部制度，以尚书左仆射兼门下侍郎为左相，尚书右仆射兼中书侍郎为右相，以门下侍郎、中书侍郎、尚书左右丞为副相。

宋高宗又以左、右仆射兼同中书门下平章事为宰相，参知政事为副宰相。又改左、右仆射兼同中书门下平章事为左、右丞相，仍以参知政事为副宰相。

北宋前期，三省六部二十四司几同虚设，很多官称失去了原有的意义，已不代表具体职务，仅作为官品高低、俸禄多寡的依据，称为寄禄官，真正权力转向一些新设置的机构。

如掌管军政的枢密院，总管财政的三司，掌管制、诰、赦、敕、图书的学士院，掌受天下奏状、案牍及颁布命令的银台司、通进司、发敕司，负责中下级文武官员任命、考核、黜陟的审官东院、流内铨、审官西院、三班院，负责礼仪的太常礼院等。

宋神宗改制后，除少数机构外，这些机构大多陆续被撤销，从而恢复了三省六部二十四司的职能。原中书门下之权分属三省，中书省取旨，门下省覆奏，尚书省施行。三省成为最高政务机构。六部除兵部外，其他五部也得到充实，特别是吏部，不仅管中低级文官，而且管武官，职权比唐代有所扩大。

南宋时候，中书省与门下省合并为中书门下省，与尚书省实为两省，但习惯上仍称三省。三省不另设长官，由宰相、副相通治或分治三省事务。六部设官减少，各部或由尚书或由侍郎主持部务。二十四司亦有所省并。

宋朝寺监设置有太常、宗正、卫尉、太仆、大理、鸿胪、司农、太府九寺，国子、少府、将作、司天、军器五监。北宋前期九寺六监中，除大理寺、国子监、司天监、都水监、军器监外，与三省六部情况相仿，名存实亡，职权被其他机构夺取。

宋神宗改制后，撤销司天监，另设太史局，九寺五监始各司其职，设官职掌，一如唐制。但各寺职务繁简不一。

南宋时候，各寺监有所省并。如鸿胪寺、光禄寺并入礼部，卫尉寺、太仆寺并入兵部，少府监、都水监就并入了工部。

北宋枢密院是总管全国军事的最高行政机构，与中书门下并称二府。枢密院长官为枢密使或知枢密院事，次官是同枢密院事或枢密院副使，资历再次者则称签书枢密院事或同签书枢密院事。

枢密使的地位相当于同中书门下平章事，副使相当于参知政事。

枢密院主次官与参知政事同称“执政官”。宰相与执政官又合称“宰执”。枢密院下设兵、吏、户、礼诸房，置都承旨、副都承旨，分管各种具体事务。

宋朝枢密院长官多由文人担任，不用宦官，武将任此职者也极少，仅狄青、曹彬、王德用数人。枢密院有调兵之权，但不直接统领军队。掌管禁军的是三衙。

宋初沿用后周制度，设殿前司与侍卫司。但殿前都点检、副都点检与侍卫司的都指挥使、副都指挥使、都虞侯，逐渐不再任命。以后，侍卫司又分裂为侍卫马军司和侍卫步军司，与殿前司合称三衙。三衙长官都称都指挥使，副职有副都指挥使、都虞侯。其属有指挥等武官。宋初三衙长官有统兵出征者，后来则无。

枢密院与三衙互相牵制，平日枢密院掌握调兵权，三衙掌握管理训练权，统兵出征时则另外遣将，三者都不能拥兵自重，从而防止了宋朝兵变的发生。

宋朝财政系统，国家财政管理的主要机构是三司和部。三司即盐铁部、度支部、户部。三部各设正使、副使、判官。三司使称计相，地位略低于参知政事。

宋神宗改制时，撤销三司，分其职于尚书省户部。三司使则由户部尚书取代。但全国财政大权又绝非尚书省所属户部所能全面经理，所以北宋后期又有总领财赋官及经制使。经制使主要掌管东南财政。

内库始于宋太祖建封桩库，宋太宗时扩大为内藏库，以后内藏库规模不断扩大，收入大，支出广，朝廷重大财政开支多仰仗于内库。内库的主管，多为内臣或专门委派的朝臣，宰相、三司皆不得过问。

宋朝司法系统，北宋前期有刑部、大理寺、御史台和审刑院。刑

部掌刑法狱讼。不过北宋前期刑部职权多被侵夺，或由他官兼理，或由御史台来审断。

大理寺负责详断各地奏报案件。御史台有推直官和推勘官，负责司法方面的事务。审刑院设于宫中，有知院事一人和详议官六人。

北宋前期，凡案件经大理寺审断，报审刑院复查，由知院事和详议官写出书面意见，上报中书，奏请皇帝裁决。事实上，审刑院侵夺了刑部复审权，成为皇帝直接控制下的最高司法机构。宋神宗诏令审刑院并入刑部，重新恢复刑部和大理寺为最高司法机构。

宋神宗改制后，刑部设尚书、侍郎、郎官、员外郎和都官郎中、比部郎中、司门郎中等官职；大理寺置卿、少卿、正、推丞、断丞、评事、主簿等官职。宋朝大理寺的特点是内部分左、右二寺，左寺断刑，右寺治狱。审问与判决分别由不同机构官员担任，可以互相监察，保证司法的质量。

最高监察机构仍是御史台。宋朝监察御史无分察地方之责，主要是监察尚书六部。与御史台职能相近的有谏官，设左右谏议大夫、补阙、拾遗等职。

宋太宗时候，改补阙、拾遗为司谏、正言。这些官职，虽名为谏官，但无诏令并不任事。宋仁宗初年正式成立谏院，长官称知谏院

事，以司谏、正言充任。宋神宗改制，废谏院，以左右谏议大夫、司谏、正言任谏职，分隶门下、中书两省。

宋承唐制，也设有翰林学士院，并正式成为国家机构。学士院中有翰林学士若干。学士中资历深者称承旨。入院未授学士衔的称直院。

如学士缺，他官暂代学士职务的称权直。冠有翰林之名而不属学士院的有翰林侍读学士、翰林侍讲学士，以在皇帝左右进讲书史为职。宋朝翰林学士待遇优异，地位仅次于正副宰相、枢密使和三司使，为群臣所仰慕。

此外，宋朝还新增设殿阁学士。如龙图阁、天章阁等藏书处，各置学士、直学士、待制、直阁等官。这些官员的职责是管理秘籍，为文学侍从之臣。不过朝官外出也往往加某某阁学士的头衔，以示恩宠。北宋著名政治家、清官包拯，经常用龙图阁直学士，就是这类官称。

为皇帝服务的宦官机构有入内侍省和内侍省。入内侍省，设都都知、都知、副都知、押班等，掌管宫廷内部生活事务，与皇帝、皇后最为亲近。内侍省，设左右班都知、副都知、押班等，掌管殿庭洒扫等杂役。太子官署称东宫官，设置与唐代相同，皆以他官兼任，太子即皇位后即废。

宋朝地方分路、州、县三级。宋初沿唐制，将全国分为十道。

宋太宗改道为路，凡15路；宋仁宗初年为18路；宋神宗增至23

路；宋徽宗时候又增至24路；南宋仅存17路。宋朝的路具有地方监察区和行政区的双重性质。路的主要机构设置有安抚使司、转运使司、提点刑狱司、提举常平司：

安抚使司，北宋各路不全设，南宋时普遍设置。长官为安抚使，通常由本路最重要的州府长官兼任。主管一路军政，同时也兼理民政。南宋前期，安抚使为路的第一长官。

转运使司，最初也是临时机构，宋太宗时候改为正式机构。长官是转运使。若兼任两路以上，官位较高，则称都转运使。副长官有转运副使、转运判官。主管一路或数路财政和漕运。

提点刑狱司，宋太宗时候始设，后罢。宋真宗时候复设，遂成定制。长官是提点刑狱公事，也称提点刑狱。副长官是同提点刑狱公

事，或武臣提刑。主管一路司法。

提举常平司，宋神宗时候始设。长官为提举常平使。主管一路常平、义仓、免役、市易、坊场、河渡、水利等事。

路下的府、州、军、监同为一级。一般多称州，领数县或十几个县；国都、陪都以及皇帝即位前居住过或任过职的州称府；军事要冲之地称军；盐铁矿冶之区称监。

开封府称东京，有时设置府尹，多以太子、亲王担任。如无人任尹，则由待制以上官员充任。包拯曾知开封府事。

府设知府事，州设知州事，军设知军事，监设知监事。“知”是主持的意思，知州事总管一州的行政、财赋、军事等事。知州通常由中央指派文官充任。又设通判，同领一州之事，对主官有监督之责，各种公文须由通判和知州事联合签署才能生效，从而形成了对知州事权力的牵制。

地方行政最低一级为县。县分京师内的赤、京城外的畿、4000户以上的望、3000户以上的紧、2000户以上的上、1000户以上的中、不满千户的中下、500户以下的下这8等。县设令，如以京朝官领县事，则称知县。

县令或知县负责一县之民政、财政、狱讼等事，若县有驻军，则兼兵马都监或监押。属官有主簿和尉。主簿分管官物和簿书，尉在主簿之下，分管训练弓手，维持治安。令、主簿、尉，常不全置。

北宋前期的官品为九品三十阶。宋神宗改制，重订官品，设九品正从十八级。

北宋前期散官阶也沿用了唐制，为官吏的一种附加性官衔。文散官从开府仪同三司到将仕郎，共二十九阶。

武散官从骠骑大将军到陪戎副尉，共三十一阶。勋官十二阶，与唐制相同。宋徽宗曾罢文官勋官，南宋时又恢复。

宋朝爵位分为十二级：王、嗣王、郡王、国公、郡公、开国公、开国郡公、开国县公、开国侯、开国伯、开国子、开国男。凡有爵位的都有食邑，以户为单位。不过食邑是个虚数，食实封才是实数。食实封者，按实封一户每日计钱25文，随月俸向官府领取。

宋朝官员正俸多以钱计算，

禄粟以粮食计算，春秋服装以匹帛计算。不过有时应发放实物的也折合成钱。除俸禄外，还有各种名目的额外补贴。

高级官员也有食邑之封，地方官有职分田。总的来说，宋朝官员的物质待遇在历史上各朝代中要算最优厚的了。

宋朝官吏的选任，沿用唐代科举制度，但宋朝由于经济的发展和门阀制度的衰落，科举考试向庶族地主及中小地主知识分子广泛开放。对于士大夫，只要文章、诗赋合格，就可录取。这是扩大统治阶级基础的重要措施。

宋朝建立了一套监察官员的渎职惩处制度、选拔的标准和职务回避制度。宋朝对具有纪委职责的监察官员有着严格的规定，甚至监察官违反出巡制度都要受到处罚。还特别规定了监察官失察、自身贪暴受惩处的制度。对于失察的监察官，将给予严厉的处罚。

知识点滴

北宋初年的一天，宋太祖赵匡胤按照惯例会见当年新考上的进士。新录取的进士有11人，诸科28人。

这些未来官场的后备官员来到皇帝日常主持重要会议和政务活动的讲武殿，接受皇帝的接见。简单的试探之下，宋太祖居然从中间揪出了两个通过科场舞弊录取的人。

宋太祖借着这样一个事件，为科举考试增加了一道新的考试程序，那就是让士子与皇帝面对面地殿试。这样一来，皇帝就把对文官的选拔权牢牢地攥在了自己的手中。

元朝行省制与分等选官

元世祖忽必烈统一全国后，国家规模超过中原的汉唐，蒙古汗国原来的官制已不适应变化了的形势。为了行使有效的国家管理，元代统治者对中原历代王朝的官制多有借鉴，形成了颇具特色的元代官制。元朝不采用隋唐确立的三省制度，而是沿用金朝尚书省制度，更名为中书省，后简称为行省。

行省制的确立，从政治上巩固了国家统一，使中央集权在行政体制方面得到保证。这是中国行政制度的一大变革，对后世影响巨大。

元朝中央最重要的机构是中书省、枢密院和御史台。

元朝没有采用隋唐确立的三省制度，而是将金尚书省更名为中书省，又称“都省”。

中书省为管理全国政务的最高行政机构，中央常派中书省宰执带相衔临时到某一地区负责行政或征伐事务。这就是元代的行省制。

中书省名义上的长官是中书令，由皇太子兼任，称行中书令或领中书令，但并不常设，元代只有4个皇太子兼任此职。实际上中书省的长官是右丞相和左丞相，总领省事，裁夺庶政。

元制尚右，右丞相地位高于左丞相。平章政事是丞相的次官，左右丞、参知政事为执政官，统称宰执。又有参议中书省事，掌管左、右司文牍，并可参决军国重事。左、右司，各设郎中、员外郎、都事等官。

中书省统领六部。六部皆设尚书、侍郎、郎中、员外郎等。六部职掌与宋朝相仿，惟兵部不掌军政，只负责邮传屯牧。元朝曾三次设立尚书省，与中书省分权，但时间都不长，所以终元之世基本上实行的是一省制。

元朝宰执官名运用十分混乱，原因是相当长时间内被用于赏功加官，到元中期恶性发展，从京官到外官，从文职到武职，往往都被授予宰执头衔，有时前面加"遥授"字样。直至元朝后期，加官宰执头衔才得到控制。

枢密院是最高统军机构。天下兵甲机密之务，无不由枢密院管理。最高长官枢密使，也不常设，实际上的长官是知枢密院事，下设同知枢密院事、枢密副使、佥枢密院事、同佥枢密院事、院判、参议等官。

元朝枢密院与宋、金枢密院略有不同，即遇有大征伐，另在用兵处分置行枢密院。行枢密院简称行院，是临时性的，事已则罢。

元朝军队分宿卫和镇戍两大系统。宿卫军又分怯薛和五卫亲军。怯薛军入元后仍然保留，处于功勋军的地位，设怯薛长，归皇帝亲自统辖。怯薛待遇优厚，元代高级军政官员多出身于怯薛。所以，官员

以怯薛出身者最显贵。

镇戍军也由枢密院调动，有蒙古军、探马赤军、汉军、新附军，其编制为万户府、千户所、百户所、牌子四级，分别由万户、千户、百户、牌子头统率。各级军官都是世袭，地位高于文官。

御史台是最高监察机构。忽必烈曾说："中书朕左手，枢密朕右手，御史台是朕医两手的。"设官有御史大夫、御史中丞、侍御史、治书侍御史。元代御史台地位高于唐、宋，一改以往以低品位官员监察高品位官员的传统。

御史台直属机构有殿中司和内察院。殿中司设殿中侍御史，主管检查朝廷礼仪、考核京官。内察院设监察御史，主管刺探举报各种违法之事，有一定独立性，称作天子的耳目之司。

元朝还在江南、陕西分设行御史台。江南行台称南台，陕西行台称西台。江浙、江西、湖广三行省十道隶于南台，陕西、甘肃、四川、云南四行省四道隶于西台。每道设提刑按察司，后称肃政廉访司，置使、副使、佥事、经历等员。

元朝御史台奏皇帝批准后可以自选官员，这在历朝监察官的设置上是绝无仅有的，反映了元代监察制度的特点。

元朝是一个开放型的政权，重视利用中外各种宗教加强思想统治，因此设有管理宗教事务的各种机构。最重要的是宣政院和崇福司。

宣政院设院使、副使、同知、佥院、同佥、院判、参议等官，主管全国释教僧徒及吐蕃事务。吐蕃著名佛教领袖八思巴曾为宣政院第一任总领，被尊为“帝师”“大宝法王”。如吐蕃有事，宣政院另设分院往治。

崇福司曾经一度改称崇福院，掌管也里可温即基督教事务，管理本教教士和十字寺即教堂。设官有崇福使、同知、副使、司丞、经历、都事、照磨等官。据考证，元朝有也里可温教寺院72所。

道教则由集贤院兼管。江南道教由皇帝敕封的正一道天师掌领。元朝对各种宗教寺院大加保护，主管祭祀典礼的太禧宗禋院同时负责对寺院的修缮。

元朝称“院”的机构特别多，诸如：太常礼仪院掌管礼乐、祭享宗庙社稷、封赠谥号等事；太史院掌管天文历法之事；太医院掌管医药和各种医药机构，同时制奉御用医药；通政院掌管全国驿站，后分置大都、上都两院；中政院掌管皇后宫中财政、营造、供给；翰

林兼国史院负责拟写诏令，纂修国史；集贤院负责学校和征集人才，同时兼管道教、阴阳、占卜等事。

此外，还有称“府”“寺”“监”“司”的机构。称“府”的有大宗正府，设扎鲁忽赤若干，由诸王为之长，掌管治理诸王、驸马以下蒙古、色目人的刑名诉讼，也兼管蒙、汉相关的刑狱。

称“寺”的机构设卿、少卿。多为主管斡耳朵的机构。如长庆寺、长秋寺、承徽寺、长宁寺、延徽寺等。蒙元皇帝、皇后的斡耳朵各有私产和人户，死后由亲族继承。此外还有武备寺、太仆寺、尚乘寺等。元朝不设大理寺，以其职掌归入御史台。

称“监”的机构有太府监，设太卿、太监、少监，掌管财务库藏。都水监，设监、少监、丞，掌管河堤渠防。秘书监，设卿、太监、少监，掌管图书。

司天监，设提点、监、少监，掌管历象研究及教学；回回司天监是少数民族星象学者观察天象的专门机构。

称“司”的机构有大司农司，设大司农、卿、少卿，掌管农桑、水利及赈济之事。大都留守司，设留守、同知、副守，掌守卫京城。

元朝地方有两个系统，一是行省系统，一是土司系统。

行省就是行中书省，也简称省。元朝以大都为都城，称河北、山东、山西之地为“腹里”，直属中书省管辖。腹里之外，分设岭北、辽阳、河南、陕西、甘肃、四川、云南、湖广、江西、江浙等10个行省。行省是中书省分出来的地方最高一级行政机构，设官同中书省，亦有丞相、平章、左右丞、参知政事、郎中、员外郎、都事等。这种制度是从金朝学来的，金朝叫行尚书省，是临时的，不常设；元代定型为常设的机构。

以后，行省又演化为大行政区的代名词。明、清时候，行省作为官署名不复存在，但作为大行政区的代名词则沿用下来。行省下是路、府、州、县。

路分上路和下路，满10万户为上路，不及10万户为下路，地理位置重要的地方，不论人口数都可置上路。路设总管府，长官称达鲁花赤，次官为总管。下有同知、治中、判官、推官等官，下辖儒学、司狱司、织染局、杂造局、录事司等分管各项专门事务的部门。

府的设置不普遍，有的直属中书省，有的隶属行省，有的隶属路。府之下有的直辖州县，有的不辖州县。府设达鲁花赤、知府或府尹为长官，又有同知、判官、推官、知事、提控案牍等员分管各项具体事务。

州按所辖民户多少分为三等，江南、江北标准不一。江南5万户以上为上州，3万户以上为中州，不及3万户为下州。江北1.5万户以上为上州，6000户以上为中州，不及6000户为下州。州设达鲁花赤、知州为长官，其他设官如同府制。

县也按所辖民户多少分为三等。江南按照3万户以上、1万户以上、1万户以下划为上、中、下县。江北以6000户以上、2000户以上、

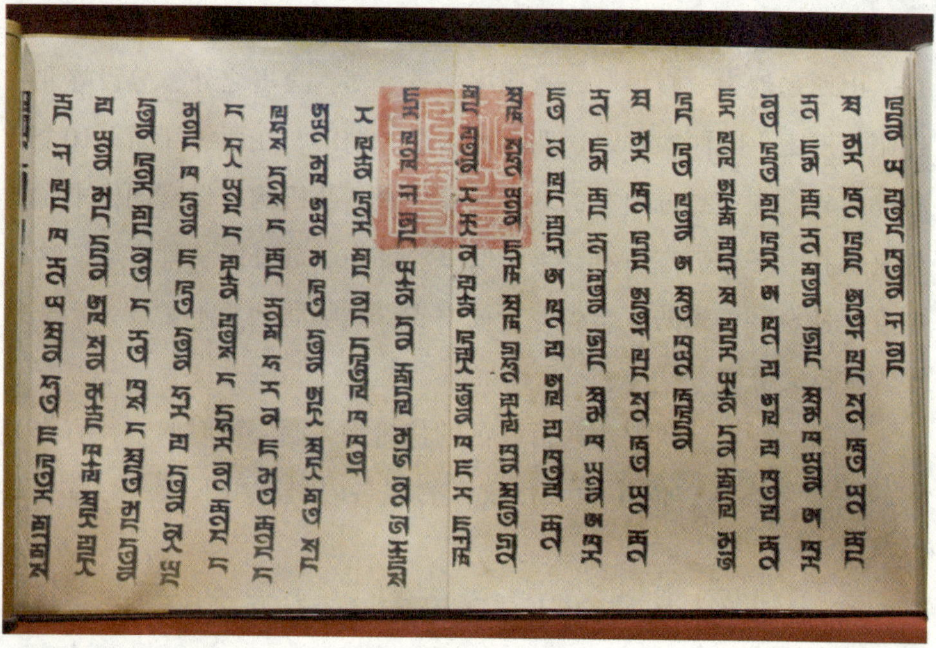

2000户以下划为上、中、下县。

县设达鲁花赤为长官，下设县尹、县丞、主簿、尉、典史等官。在比较重要的地方设巡检司，如浙江行省泉州路设有澎湖巡检司，管辖澎湖、琉球等地。

元朝土司系统设置于边陲少数民族地区。有宣慰司、宣抚司、安抚司、招讨司、元帅府、万户府、千户所等机构，对应设有宣慰使、宣抚使、安抚使、招讨使、元帅、万户、千户等官，由少数民族首领担任。有的土司设在行省之内，如湖广、云南、辽阳等行省；有的设在行省之外，如维吾尔、吐蕃等。

元朝土司的设置，是唐朝羁縻州县的进一步制度化，以后为明、清两朝继承下来，对巩固祖国的统一很有作用。

元朝以蒙古族为统治民族，把人户分为蒙古人、色目人、汉人、南人四等。四等人户在政治待遇上显分优劣，从中央官到地方官的设置上都有突出的反映。高级官员基本上为世袭蒙古、色目贵族和极少数汉人官僚所垄断，而汉人官僚也往往充任副职。

元朝非蒙古人做丞相的只有3人。御史台也是一样。至于地方行中书省长官丞相、平章政事，更是非蒙古人不任。

元朝还有一个特殊的官名“达鲁花赤”，是蒙古语“镇守者”的音译，按规 定由蒙古人或色目人担任。中央许多机构，地方路、府、州、县，非蒙古军的万户府、千户所，都设有此官。达鲁花赤的设置，也体现了强化蒙古贵族统治的特点。

元朝官员的俸禄主要由俸钞和职田构成。和宋、金相比，支俸项目已大为简化。大体上，中央和行省、行台、宣慰司等官吏的收入全用俸钞支付，这是前所未有的，也是元代俸禄制度的一个重要特点；府、州、县供职的官吏领取的是俸钱及职田的租入。

元朝官员是通过科举制和怯薛制来选拔，其中主要是通过科举制。元朝科举采取两榜取士制，它体现了元代的民族政策。所谓“两榜取士”，就是蒙古人、色目人为右榜，汉人、南人为左榜。在实际录取中，右榜必取蒙古人为第一，左榜必取汉人为第一。

从某种意义上讲，元朝科举对少数民族的优惠，从客观上又促进了他们学习汉族文化，参与科举的信心及行动，有利于民族间的相互融合。

元朝官吏的入仕有多种途径，故而使科举在选拔官吏的问题上已经不重要，从而导致录取员额减少。元朝共行科举15次，录取文士千余人，仅为唐宋时的十分之一左右。

另外，当时许多蒙古权贵对科举制度存在着或多或少的偏见与敌视，也是这一制度未能尽早实行，且又出现中辍的情况。

在选拔官员的标准上，元朝将中原的理学作为评判标准。这使程朱理学变为元朝官方承认的正统之学，并对后世理学的发展，产生了极大的影响。

除科举制之外，元朝官吏选拔的途径还有怯薛制，即担任皇帝的护卫，由此外方居官，能够担任怯薛的大多是权贵子弟，多是蒙族人、色目人。汉人也有，但为数很少。

通过推荐征辟得官的多是汉人、南人，后来忽必烈设立御史台、行御史台，御史台的主要职能即使监察和举荐人才。翰林院也常有举荐人才之举。

此外，儒户出身者也可任官。儒户的义务就是出读书之人去书院读书，学满后可以升任山长，即县府的教官。不过这类的很少转迁他官。国子生优异的也可以推荐任官，如苏天爵，但这类名额很少。

知识点滴

元世祖忽必烈善于任用能人异士是出了名的，他除了重用有才能的人，还能做到人尽其用。

来自意大利的世界著名的旅行家和商人马可·波罗在中国游历了17年，跟元世祖的知人善用有关。

马可·波罗于1275年来华后，立即受到元世祖的礼遇和重用，并先后代表元政府出使过波斯、印度、安南等地，在扬州任官3年。

马可·波罗是第一个遍游中国及其他亚洲国家的意大利人，并留下了一部《马可波罗游记》，把中国介绍给了世界。

量才录用

明清两代是我国历史上的近世时期。明清时期的官制体系，使专制主义中央集权得到了不断加强，君权得到了空前强化。

明朝内阁是君权强化的产物，而清朝军机处是强化中央集权的继续。明清官制表明，封建制度仅靠正常的统治措施已经无法维持下去，只好依靠强权、用皇权的绝对化及特务机构来进一步加强对人民的镇压和从思想上去控制，它反映了封建制度逐渐衰落的趋势。

明朝任官制和选官制

明朝官吏的选任制度，是明朝政治制度的重要组成部分。包括任官制度和选官制度，涉及中央官制、地方官制和军事官制三部分。

明朝在中央首创内阁，并使之成为六部之上的最高行政机构；在地方上共设省、府、县三级行政机构；在军事上设锦衣卫，武官第一次掌有监察百官万民之权。明朝官制影响一直延续到清朝。

明朝的中央官制中，明太祖朱元璋废除元代中书省，罢丞相不设，重新进行调整，形成了以六部为主干，设府、院、寺、司分理政务的行政格局。

六部直属皇帝，成为中央主理政务的最高一级权力机关。六部长官是尚书，次官是左、右侍郎，也称正官或堂上官。

司又称清吏司，设郎中、员外郎、主事，同为属官。郎中视为正郎，员外郎视为副郎。又设司务为首领官，负责部内庶务。

六部按其序列是吏部、户部、礼部、兵部、刑部、工部。

吏部下设文选、验封、稽勋、考功四司。吏部尚书通常称为天官、冢宰、冢宰、太宰，负责掌管官员的任免、封赏、考核等，为正二品。

户部下设13司，司名与明代地方13省区的名称相对应。户部尚书别称大司农，负责掌管全国户口、田赋、版籍、岁会、赋役实征等政

策与政令，为正二品。

礼部下设仪制、祠祭、主客、精膳四司。礼部尚书别称大宗伯，左右侍郎称少宗伯，负责掌管全国的礼仪、祭祀、宴飨、贡举、外交等政令，为正二品。

兵部下设武选、职方、车驾、武库四司。兵部尚书别称大司马，负责掌管全国卫所军官的选拔授予、训练、车辆、武器管理等政令，为正二品。

刑部下设13司，司名与户部相同。刑部尚书别称大司寇，负责掌管全国的刑名、徒隶、考核、关禁等政令，为正二品。刑部的都察院前身是御史台，1380年改为督察院。督察院是最高监察机构。

工部下设营缮、虞衡、都水、屯田四司。工部尚书别称大司空，负责掌管全国的百官、山泽、营缮、采捕、陶冶、舟车、织造、屯种等政令，为正二品。

除六部以外，还有通政使司。这是明朝创设的机构，主要掌管出纳帝命，受理内外章疏，被称作天子的“喉舌之司”。

设通政使、左右通政、左右参议等正官。七卿加上大理寺卿、通政使，合称“九卿”。

明朝内阁为明朝首创。明太祖废丞相后，当时很难直接指挥六部百司，亲裁独断，所以必须搞个“秘书处”，帮助他处理政事。

这就是内阁。阁指文渊阁，在午门之内，文华殿南面，因地处宫内，阁臣又常侍皇帝于殿阁之下，避宰相之名，故称内阁。

与内阁关系密切的有两类机构。一类是中书科、尚宝司、六科。中书科设中书舍人，承办书写事务。尚宝司设卿、少卿、司丞，掌管印玺信物。六科是吏、户、礼、兵、刑、工六科的简称。

各科设都给事中、左右给事中、给事中。其中的给事中又与御史合称科道官、台省官、言官、台琐清班，颇能左右朝政，在明代政治舞台上是一支十分活跃的力量。

另一类机构是翰林院、詹事府。翰林院是朝廷专司笔札文翰之事的机构，负责制诰、修史、文翰等事，设学士、侍读学士、侍讲学士、侍读、侍讲、《五经》博士、典籍、侍书、待诏等官。

詹事府是辅导皇太子的机构，设詹事、少詹事、府丞等正官，下设左右春坊和司经局。翰林院和詹事府的官员常不全设，往往互兼，均受内阁提调。

明初曾经设中书省，有左、右丞相。1380年，明太祖因胡惟庸案罢中书省，分中书省之权归于六部。原中书省官属尽革，唯存中书舍人。

明初军制为“卫”和“所”，每卫辖正规军士约5000人，其下设所，分为千户所和百户所，京城的禁卫军所辖卫所为48处。

1382年，朱元璋改革禁卫军，建立了12个亲军卫，其中最重要的就是“锦衣卫”。

锦衣卫全称“锦衣亲军都指挥使司”。锦衣卫由将军、校尉和力士组成。将军初名“天武”，后改称“大汉将军”，选取体貌雄伟、有勇力者充任，作为殿廷卫士。校尉、力士拣选民间身体健康、没有前科的男子充任，校尉掌管卤簿、伞盖，力士举持金鼓、旗帜。

“巡查缉捕”是锦衣卫区别于其他各朝禁卫军的特殊之处，负责侦缉刑事的锦衣卫机构是南、北镇抚司，其中北镇抚司是洪武十五年添设，专理皇帝钦定案件。

成化元年，增铸北镇抚司印信，一切刑狱不必关白本卫。北镇抚司拥有自己的诏狱，可以自行逮捕、刑讯、处决，不必经过一般司法机构。

“太监”一词，在明朝是指最高一级宦官。明朝宦官机构称24衙门，由12监四司八局组成。宦官的官职有掌印太监、提督太监、秉笔太监和随堂太监。明朝宦官机构之庞大，设置之完备，是空前绝后的，并足以与官僚机构相匹敌。

明朝地方省级组织设都、布、按三司。布，指承宣布政使司，简称布政司，主管一省民政、财政。设左右布政使、左右参议、左右参政等正官。按，指提刑按察使司，简称按察司，主管一省司法和监察。设按察使、副使、佥事等正官。都，指都指挥使司，简称都司，是军事编制，如东北部的奴儿干都司及其卫所，朵甘和乌斯藏都指挥使司等。三司分理地方军政事务，替中央承宣布政。

省级以下分府、州、县三级，既是行政区，又是官署名。其中州有散州和直隶州之分。散州也称属州。府、州、县各设知府、知州、知县为长官。明代通过督抚加强对府、州、县的控制。

明朝地方还设有各种专务机构。都转运盐使司和盐课提举司掌管盐政。行太仆寺、苑马寺，是管理马政的机构。市舶提举司简称市舶司，设于广东、福建、浙江等省，为掌管海外各国贡使朝贡互市的机构。

明朝文官品级分为九品正从10级。武官分六品正从12级。散官有文散、武散之分。文散共42阶，正二品至从四品。武散从正一品到从六品，共30阶。勋官有文勋、武勋之分。文勋从正一品至从五品，共10等。武勋从正一品至从六品，共12等。

宗室封爵有亲王、郡王、镇国将军、辅国将军、奉国将军、镇国中尉、辅国中尉、奉国中尉8等。功臣、外戚封爵有公、侯、伯3等。

宗室百官的俸禄以石计算。最初宗室给禄米，以后又间以给钞。百官俸禄米钞兼支。官员兼职，俸禄随之增加。但兼官多为高级官吏，中下层官吏往往因俸禄折钱，钞值日跌，实际收入降低。总的来说，明代官吏的待遇在历朝中是最低的。

明朝统治者十分重视整顿和恢复礼制，在严格的等级观念指导下，制定出一套官服制度。

文官一品仙鹤，二品锦鸡，三品孔雀，四品云雁，五品白鹇，六品鹭鸶，七品鸂鶒，八品黄鹂，九品鹌鹑。杂职练鹊。风宪官即御史官獬廌。武官一品和二品狮子，三品和四品虎豹，五品熊罴，六品和七品彪，八品犀牛，九品海马。

此外，品官常服需用杂色纻丝、绫罗、彩绣。官吏衣服、帐幔，不许用玄、黄、紫三色，并织绣龙凤文，违者罪及染造之人。朝见人员，四时并用色衣，不许纯素。若朝贺、谢恩、见辞，一律穿官服。

明朝选拔官员，有科举、荐举、吏士3种途径。不过一般来说，明朝最重视的是科举这一途径，而其中最重视的则是进士科，并通过八股取士。

明朝正式科举考试分为乡试、会试、殿试3级。乡试是由南、北直隶和各布政使司举行的地方考试。地点在南、北京府、布政使司驻地。每3年一次，逢子、卯、午、酉年举行，又叫乡闱。考试的试场称为贡院。

考期在秋季，故又称秋闱。凡本省科举生员与监生均可应考。主持乡试的有主考2人，同考4人，提调1人，其他官员若干人。考试分3场，乡试考中的称举人，俗称孝廉，第一名称解元。

会试是由礼部主持的全国考试，又称礼闱。于乡试的第二年即逢丑、辰、未、戌年举行。全国举人在京师会试，考期在春季二月，故称春闱。会试也分3场，由于会试是较高一级的考试，同考官的人数比乡试多一倍。主考、同考以及提调等官，都由较高级的官员担任。主考官称总裁，又称座主或座师。考中的称贡士，俗称出贡，别称明经，第一名称会元。

殿试在会试后当年举行，应试者为贡士。贡士在殿试中均不落榜，只是由皇帝重新安排名次。殿试由皇帝新自主持，只考时务策一道。殿试毕，次日读卷，又次日放榜。

录取分三甲：一甲三名，赐进士及第，第一名称状元、鼎元，二名榜眼，三名探花，合称三鼎甲。二甲赐进士出身，三甲赐同进士出身。二、三甲第一名皆称传胪。一、二、三甲通称进士。进士榜称甲榜，或称甲科。进士榜用黄纸书写，故叫黄甲，也称金榜，中进士称金榜题名。

乡试第一名叫解元，会试第一名叫会元，加上殿试一甲第一名的状元，合称三元。连中三元，是科举场中的佳话。明代连中三元者仅商辂一人而已。

殿试之后，状元授翰林院修撰，榜眼、探花授编修。其余进士经过考试合格者，叫翰林院庶吉士。3年后考试合格者，分别授予翰林院编修、检讨等官，其余分发各部任主事等职，或以知县优先委用，称为散官。庶吉士出身的人升迁很快，明英宗以后，朝廷形成非进士不入翰林，非翰林不入内阁的局面。

知识点滴

朱元璋在组织人才班底时，很注意文武搭配。他认为：打天下好比是盖房子，砍伐搭建、购置材料，需要武将，而装修粉饰需要文臣，如果只有文臣而没有武将，就好像房子没有盖成，就想着粉刷一样；而反过来只有武将而没有文臣，就好像有了房子，但是没有装修，还是不能住人。

所以治理天下用人要注意文武兼备，这样才能把事情办好。因此，朱元璋武有能征惯战的徐达、常遇春等人为他冲锋陷阵，文有刘伯温、朱升等人为他出谋划策。

清朝对旧制稍加厘革

清朝是我国历史上最后一个封建王朝，为加强中央集权，削弱、分化大臣权利，以防权臣篡位，建立了一套有别于以前各朝的官制。

清初官制大体承明之旧，只是对旧制中突出的弊端稍加厘革。直至雍正、乾隆时候，才逐步调整并稳定下来。

清朝官制包括中央、地方和军事方面的官制，以及相应的官员选拔制度等。

清朝中央官职分中枢部、佐理部和帝室部3类，包括内阁、军机处、六部等。

清朝内阁沿袭于明朝。入关前，皇太极曾创设文馆，是为内阁的雏形。后来又把文馆扩展为内三院，即内国史院、内秘书院和内弘文院，负责起草文书、撰拟诏令、编纂史书、颁布制度。入关后仍设内三院，1658年开始称内阁。3年后复改内三院。

康熙时期的内阁，设大学士、协办大学士、学士，俱满、汉分授。大学士仍冠以殿阁之名。内阁虽居百官之首，但权力又逊于明朝。雍正时期的内阁改名军机处，军机处本是秉承皇帝意旨指示军事机宜的机构。清高宗即位，改名总理处，后仍复旧名。

军机处设军机大臣和军机章京，均为兼职。军机大臣的全称叫军机处行走，或军机大臣上行走，初入军机处或资历浅者则称在军机大臣上学习行走，历事一段时间后，再去掉“学习”两字。

军机大臣统称大军机。军机章京又称小军机。军机大臣由皇帝从满、汉大学士和各部、院、寺长官中选拔，或由军机章京升任。军机大臣之间无统属关系，以品高资深者为班首。

军机处总的职责是掌军国大政。自军机处成立后，皇帝对中央及地方机构或官吏有所指示，都由军机处起草谕旨，皇帝阅定后，可以公开宣示的交内阁颁发，称作明发；机密的或个别谕行的由军机处封寄，称作廷寄。一切秉承皇帝的意志行事，钦承宸断，表明君主集权达到空前的高度。

如果说明朝中期内阁首辅多少还保留一点宰相权势的话，那么清代的内阁和军机处，则彻底消除了历史上宰相制度的影响。明朝时为了进一步集权而不设宰相、中书省等机构，宰相的权利转移到内阁，

由内阁来处理国家政务。

清朝继承了这一做法，内阁的首辅大学士以及协办大学士都被称为中堂，即宰相的别称，但实权则由军机处掌握。

清朝沿袭明朝传统，设吏、户、礼、兵、刑、工六部，管部的大学士及尚书、侍郎等各部长官称堂官，部下属各司的郎中、员外郎、主事以及主事以下的七品小京官称为司官。

在六部之外和六部并立的中央行政机构有：大理寺、太常寺、光禄寺、太仆寺、鸿胪寺、国子监、钦天监、翰林院、太医院、理藩院、宗人府、詹事府、内务府。

六部之设，与明朝相同。但有三点变化。一是六部之官为复职，即有一汉员，必有一满员。尚书、侍郎如此，司官也是如此；二是所属机构有部分调整。如户部下设14司，刑部下设18司；三是职权小于明朝六部。如吏部的一部分人事权划归军机处。

清朝军队主要分八旗和绿营两个系统。八旗又分京营和驻防两部分，京营中侍卫皇帝的称为亲军，由侍卫处领侍卫内大臣和御前大臣分掌，而御前大臣持掌乾清门侍卫和皇帝出行随扈，权位尤重。

守卫京师的有骁骑营、前锋营、护军营、步兵营、健锐营、火器营、神机营、虎枪营、善扑营等。骁骑营由八旗都统直辖；前锋营、护军营、步兵营各设统领管辖；健锐营、火器营、神机营由于都是特

种兵，设掌印总统大臣或管理大臣管辖；虎枪营专任扈从、围猎等，设总统管辖；善扑营则专门练习摔角。

驻防八旗驻扎于全国各重要之地，视情况不同设将军、都统、副都统、城守尉、防守尉等官。内地将军等只管军事，而驻扎边疆的将军等要兼管民政。绿营即汉兵，驻扎京师的称巡捕营，归步军统领管辖。绿营的建制分标、协、营、汛几级，标又分为督标、抚标、提标、镇标、军标、河标、漕标等，分别由总督、巡抚、提督、总兵、八旗驻防将军、河道总督、漕运总督统率。

督标、抚标、军标、河标、漕标都是兼辖，实际各省绿营独立组织为提标、镇标，提督实为一省的最高武官，总兵略低于提督。总兵以下，副将所属为协，参将、游击、都司、守备所属为营，千总、把总、外委所属为汛。

清朝沿袭明朝设都察院，左都御史、左副都御史为监察院长官，右都御史、右副都御史则为总督、巡抚的加衔。但清代都察院的左右都御史、左右副都御史均为复职。

都察院按省区分为若干道，每道设掌印御史和一般御史。清朝各道与明朝最大的不同是御史出巡制度废革。顺治时，还因临时需要设过巡按御史、两江御史、巡田御史及巡盐御史，均不属于道，行之不久，即行罢革。以后虽偶有差派在京御史巡察各地，但规模小，时间短，不成制度。

清朝在京师中、东、西、南、北五城各设有一个察院，其长官称巡城御史，由给事中、御史中间派，一年一更替。五城兵马司各设指挥、副指挥等官。各城察院和兵马司，分管本城区的治安。

清朝增设宗室御史处、稽查内务府御史处，分别监察宗人府和内务府的事务。都察院与刑部、大理寺仍称三法司。都御史与六部尚书合称七卿。七卿的设置与明朝相同。

清朝地方官职大致分省、府、县三级。总督、巡抚为掌握行政、军事、监察大权的高级地方官员，布政、按察两使为督、抚的属官。与督、抚平行的有驻防将军和提督学政，不过驻防将军只管八旗驻军；提督学政只管学校与科举考试，其权力是不能与督、抚相比的。

省以下为府，设知府、同知、通判等官，与府平行有直隶厅，设同知、通判。府以下为县，设知县、县丞、主簿等官，与县平行的为散厅，设置同直隶厅。在少数民族地区则设专门机构管理，即土司。

清朝在边区设将军、都统、大臣

等官。在关外东北地区设盛京将军、吉林将军、黑龙江将军。盛京将军兼管奉天府尹。吉林将军、黑龙江将军下有副都统，协助将军管理军民事务。在内蒙古设察哈尔都统、热河都统、绥远将军和归化城副都统，下分科尔沁等24部49旗。

在新疆地区设伊犁将军为最高官位。各地又设都统、办事大臣、参赞大臣、领队大臣，如吐鲁番领队大臣、英吉沙尔领队大臣等。1884年，新疆改行省，设巡抚，仅保留伊犁将军和塔尔巴哈台参赞大臣。新疆北疆称天山额鲁特，分5部13旗，编为5盟。

各设盟长、副盟长，由同盟之扎萨克选任。南疆各城设各级伯克，伯克是维吾尔族对官员的称谓，最高为阿奇木伯克，其次是伊什罕伯克。建行省后，各城改为府、县，仅保留阿奇木伯克、伊什罕伯克，其余名目伯克均被裁革。

在西藏设办事大臣，初设两人，后改办事大臣一人，帮办大臣一

人。西藏办事大臣简称驻藏大臣。驻藏大臣与达赖、班禅额尔德尼共管西藏事务。

上述边区的将军、都统、大臣，都由皇帝从满族贵族中选派，秉承皇帝意旨行事，其职权与内地总督相似。此外，清朝还在云南、贵州、广西、四川、西藏、甘肃、青海七省少数民族地区设土官，以当地少数民族首领担任。

清初文武官员的品秩与明代相同，1786年统一为九品正从18级。九品之外，称未入流。

除品级外，文武官遇覃恩又有封阶。文官18阶，1至10阶称某某大夫，11至18阶称某某郎。武官封阶，初分3个系统。一为公、侯、伯，封光禄大夫，后改建威将军；一为八旗，有9阶；一为绿营，有12阶。乾隆时统一为18阶，1至4阶称某某将军，5至8阶称某某都尉，9至14阶称某某骑尉，15至18阶称某某校尉。文武大臣还有加官，为三公三孤，制与明同。

清朝的爵位是世袭之号。乾隆时规定，宗室封爵为14等：和硕亲王、世子、多罗郡王、长子、多罗贝勒、固山贝子、镇国公、辅国公、不入八分镇国公、不入八分辅国公、镇国将军、辅国将军、奉国将军、奉恩将军。世子、长子候袭亲王、郡王，实际上只有12等。

清朝宗室、百官俸禄分银、米两种，以宗室封爵和官员品级高低为标准，称正俸。

在外武官不支米，另外有丰厚的薪银。在正俸之外，还有恩俸、养廉、津贴、公费等，也是官员的合法收入。

清朝官员人才选拔首先是通过科举取士。汉人只能通过科举而取仕当官。其次是八旗在编人员或者皇室成员顶职取仕。这种方法主要针对满族人，因此满族人除了通过科举还可以“顶职取仕”。

也就是说，在编的那些“吃皇粮的”优先。最著名的就是和珅，当初是八旗在编人员，并未参加科举取士，但等到了工作年龄，便借上辈功劳入仕了。最后就是通过高官举荐为仕。这种方法主要针对的是清朝决策层的高官。

知识点滴

康熙主张“奸人用，忠良也用。有能者用，无能者也用；仁为用，威武用。天下人皆为吾用也”，这使得每个有才德、有才无德乃至无才无德的人都极尽所能地为其所用。

剪除鳌拜时他用魏东、亭索额、图明珠；平定三藩时用周培公、图海；平台作战中用姚启圣、施琅、李光地等。究其用人精髓，不外三点：一是重用汉臣，二是恩威并施，三是忠奸尽收。

正因为康熙在用人上有独到之处，才为“康乾盛世”打下了良好的基础。